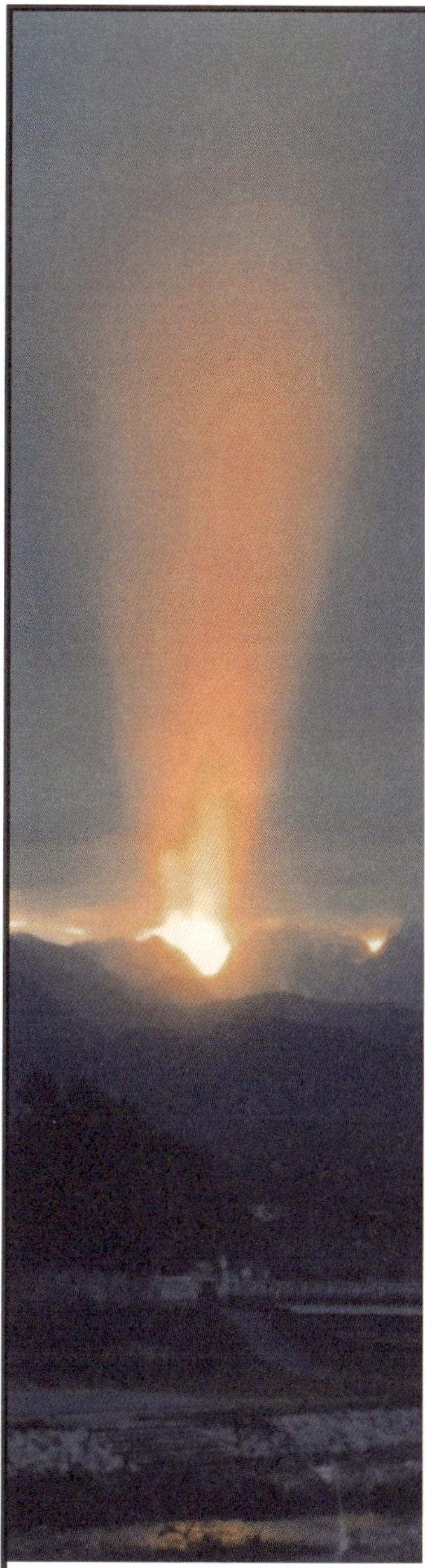

光の中にカンノンが現れる

十山《タリヤマ》（現・立山）山頂にて龍雲が動く

アララキ族

出雲大社にて和合縁結び舞　タマヤメ舞（日巫子《ひみこ》）

伊勢神宮　神儀舞《かむふりまい》（上）と御所舞（下）

神儀舞　中継ぎ（シャーマン）と意乗りの式舞

善光寺での「宗教問題」についてのセミナー

「タマヤ古事文」内容公開セミナー

世界各国大使との平和交流

上は、タマヤメの舞、下は旧アララキ土着族の営み

伊勢神宮　ヒヒキの舞

神儀舞

◉「タマヤフルコトフミ」は宇宙からいただいた意識とチタマ（地球）の関わりから、人類の歴史を通して記録されてきました。

◉人類とその造り親の細やかなシステムをはじめとして、太陽のエネルギーをいただき、まず、日神の神々から意識（賜りし）と空間のカガク（神学）のエネルギーを、肉体という器（像《カタ》）は生命力と物質を司る月神から得て、カガク（神学のエネルギー）のカミ合わせで共同合作されました。ですから、どちらも親神なのです。

◉はじめは日神が神政をされていましたが、途中から月神たちよりの申し出のため、月神へ神政交替が成されました。

◉再び長き歴史が始まり、物質中心へと移行していく過程で、ヒミ（日本）の国の働きを抑え、物質中心の働きをさせるプログラムが遂行され、その歴史に乗った形で国民の精神はどんどんと争いと物質中心の歴史に翻弄され、いつしか日の親である神々へ大変な無礼を働きだしたのです。

◉しかし、物質界の行き過ぎのプログラムは、チタマを地球にした問題点のみならず、日神を執拗に封じ込め、人としてのバランスを狂わせてしまった要因から、とうとう日神へのシステム交替が宇宙連合でも決定されております。

◉一方、物質神の中で、とりわけ抵抗し、あがく存在の働きがあり、最後まで人類に欲を出させ、念で霊《ひ》魂《たま》を開かせまいと根を付けています。でも、日神への交替準備が着々と進められると、さまざまな現象がいやおうなしに起こり始めるでしょう。

◉つまり、欲で隠した内容はポコポコと臭い蓋が開けられ、表面へ膿が出されてゆきます。企業戦争もますます激しさを増し、自殺者が多発してゆき、自我欲だけで命は二の次というような状況です。

◉先代から98代を引き継ぐこととなりました重責を私も感じ、これらの現象予告をおおよそ20年ほどにわたり、各地でも示しの通り伝え続けてまいりました。数年前より、ようやく植物を中心としての資源開発に着手してくださる人々も出てくださり嬉しく思います。

◉対処改善と地球クリーニングの度合いは相関関係になっているのです。心を改めず対処改善が遅れれば、バランス現象として、地球クリーニングによるさまざまな現象が日に日に増していくことになるでしょう。

◉ヒミ（日本）の国は、神武期より支配と争いの歴史に翻弄され、本来持っていた精神の役割を踏みにじられてきました。

◉現代は長い歴史の清算期に突入しています。今こそ、正しい歴史観を持ち、ヒミの役割を認識するときです。チタマ（地球）が、全人類の命の要であることを思い出しましょう。

◉『日本書紀』が漢字で書かれているのは、日本人に読ませるためではなく、天皇という位置づけが、すべて神の直系である、神そのものであるということを信じ込ませるために、こういう書をどんどんつくっていったのです。あれは天皇の謀《はか》り事です。

◉「天照大神」という月の役割の存在あたりまでを境に、皇后がユダヤの血筋としてヒミに入られるのをきっかけとして、ユダヤ民族の人々は前もって調査をかねて入って来ています。以降、ヘブライ・ユダヤ・イスラエルの時代を経て、ヒミを目指し、少しずつ移動が始まったのです。

◉ヒミの地は、これらの民族を抜いては語ることなどできません。

◉神（ヤーエ）と契約を成した神器をいただいているカド族の王である「フル」は「このヒミをまとめる役割を与えられた」と叫び、天皇の座に入れ替わってしまいます。

◉この「フル」こそが神武天皇であるのです。

◉卑弥呼という女性は、南朝イスラエル支族がヒミの国へ連れてきた占いを業とする女の孫娘に当たる「ヌエ」でした。かなり美しかったことから、邪馬台国の女王にさせ、中国との交易を結ばせるために、ヒミコ（卑弥呼）と名付けたとされています。

◉四国は「始国」と書くのです。また「アララキ」と「ヒミノワタル」の共存期間は「すわみ」の地と名付けられていました。その後、イスラエルの民族がヒミの国へ入ってくるようになり、平和がかき乱されていくようになります。

◉「月読命の事件」で、アララキは七割は命を失い、残った者は北方面へちりぢりに逃げ、現在の青森の森の中まで逃げていきました。アララキの残された一部が後々のアイヌです。

◉当時の10代目のシャーマンと空海さんが、１回目は７９３年ごろ、２回目は８１０年にお会いして、なぜ四国に霊場が必要なのかということを話したという文献も残っています。

◉88というのは、アマ宇宙の域の端。富士をいただくその富士の意味もちゃんと持っているのです。

◉始国が死国となったのは、ユダヤ民族が自分たちの国をつくるために古い土着の方々であるアラキとヒミノワタル族を根こそぎ征服しようとしたからです。

◉「ヤーエ（ヤハウェ）」というのはユダヤの月氏《げっし》の神です。その謀り事によって、地上が国造りの拠点となり、大勢の者が殺されました。

◉空海さんがつくった「いろは歌」の意味は「謀り事が解けない」ということです。解けないことを「解かず」といって、最終的には「念を込めたまま死す」ということなのです。

◉ユダの月氏が、後の天皇という位置づけを持つことになります。神という直系が崇高なる系統のみであると企てていく必要があったのです。なぜならば、差をつけ、戦ってでも国造りを目指し、この地を支配、洗脳して行くためであります。

◉月氏の働きはもう終わりです。そういうふうに偏《かたよ》らせ、戦わせるために人間たちを洗脳、支配したという働きが終わりになります。

◉弥勒《みろく》というのは月です。「3、6、9」も「6、6、6」もどれをとっても全部18になる。これが月の時代です。弥勒の世の次の数字は100です。

◉2012年までが弥勒の世、つまり月氏の世です。

◉人の大元を知るには、まず宇宙↓それもカム大宇宙の星団を理解しなければ、先祖神にすら辿り着くことができないと記しておきます。辿れなければ、人の存在も太陽系宇宙そのものも、意味がないこととなります。

◉生命体が完成されたのは「ウサ星」なのです。オリヲン星団の中にウサギ星というのがあります。たくさんの星をつなぐとウサギの形になるということで、ウサギ星（うさぎ座）と呼んでいるようですが、本来は月でした。月の神の本拠地星です。そこでいろんなパーツを研究されて、最終的にはすべて完成しました。

◉文献では、初め「ウサ星」(ウサセイ)と示され、人の像《カタ》が完成に至るまで、さまざまな微生物~生命体を研究され、失敗も重ねられています。しかし、宇宙内での争いには関わっておられません。

◉月の役割神が肉体をつくられますが、肉体だけではロボットと同様です。それでは意味を持たないので、意識を頭の一部に入れ、お互い感情の交流を持たせ、霊交《ひと》として完成されたのです。

◉人像《ヒトカタ》の造り親神を「月子様《つきこさま》」と私は申しています。後に地球上での戦いと支配の歴史に連なる月氏《げっし》の系統とは立て分けています。

はしがき

タマヤ古事文《ふることふみ》　神儀舞《かむふりまい》の世界

記紀よりも古い文献「タマヤフルコトフミ」

私がお伝えしているのは「タマヤフルコトフミ」（タマヤ古事文）と申しまして、『古事記』や『日本書紀』よりもずっと前の非常に古い文献に基づいたお話です。太古からの伝承ゆえ、秘匿されてきたタマヤ文字古文書ですが、それを私は講演などを通して、いろいろなところで訳させていただいた内容を譲り受け、お伝えさせていただいております。

天地《あまつち》の中継ぎをする真のシャーマンとしての巫子、第98代にわたる日巫子《ひみこ》たちのことを「タマヤメ」といいます。

タマヤメたちの伝承は、長い時を永らえ秘匿され続けてきましたが、このたび初めて世に公開することに踏み切った次第です。

平成の時代を迎えるまでは、神儀舞《かむふりまい》（ある先代の時代から神儀古式宮舞《かむふりこしきたまやまい》とも改称されました）の伝承は、故あって、まったく世に知られていなかったものでした。

しかしながら、私が公開に踏み切ったことにより、天皇や武人たちの戦国の時代を迎え、封印され、命を懸けて秘匿され続けてきた、舞を通しての伝承の数々が、名だたる神宮などでの舞のご奉仕や講演会、雑誌への掲載などを通じて次第に話題となり、徐々に世に知られて行くこととなりました。

講演などでお話をしていると、どういうわけか、ポンポンポーンと言葉が勝手に口をついて出てくることがあります。

それは要するに、それぞれの内容に担当する神々がいらっしゃいますので、その神々が「そこは、こうですよ。今この場所で伝えなさい」と、私に指示をなさっているときなのです。

ですから私の意思とは関係なく、言葉が勝手に口をついて出てくるときは、出るに任せるようにと先代からも先々代からも伝えられております。「力を入れるな、出るに任せよ」と。かといって、〝出まかせ〟ではないのですよ。

勝手に出てくるといいましても、私が勝手気ままに作った話をお伝えするわけではありませんので、それだけはあらかじめお断りしておきます。

私がお伝えしている内容は、大きく次の四つのテーマに分けられます。

(1) 太古から「タマヤ文字文献」で伝えられていること

・私たち肉体を持った人間の大元の存在である意識体や、霊と魂の仕組みについて

・音霊と数霊の法則

・音霊と数霊から示されている故郷星団の役割と人のつながり

・スサノオの真実と誤った認識、その他

(2) 太古から「口伝」とタマヤ文字で伝えられていること

文献以外にも口伝によって、さまざまなことが伝えられています。

・「タマヤフルコトフミ」の太古からの歴史における伝承について
・大元の宇宙からの原理を述べ伝える世界観のお伝え
・九州《クス》や四国《スワミ》の地のこと
・古代阿蘇と五色人のこと
・アマミハラ《現在の馬見原》とヒミコの真実など多岐にわたる

(3) 神示《しんじ》・神言《みこと》として降りてくること

・タマヤ文字の神示と神言の託宣
・予言されていた地震（阪神・淡路大震災、東日本大震災など）、竜巻、津波などのこと
・これからの天変地異の様相

・危機を回避する方法
・未来に向けての神言《みこと》、その他

「神示」は代々継承者にタマヤ文字で降りてくるものです。タマヤ文字は長い歴史の中で散逸し、現存しているものは一節しか確認されていません。3世紀頃のタマヤメの日巫子のものが確認されている最古のものですが、タマヤ文字から日本語に訳しかえられています。

神示とは別に、タマヤ文字ではなく日本語で降りてきたメッセージ（神《み》言《こと》）があります。古いものは散逸してしまいましたが、平安時代からのものは現存しております。

(4) 古儀・神儀舞《かむふりまい》

神儀舞とは太古からの意乗《いの》りの法です。太古、言霊の氣の躍動と共に身体の振りをもって大自然に坐します神々に祈念し、場を浄める古儀です。

太古～自然界に於いて中継ぎを行い、音霊・法霊《のりたま》・言霊・ふり霊《たま》・数霊・

方位をカミ合わす舞で、日の巫子が奉仕します。

(4)を除く中軸の柱となる三つのテーマを主としてまとめ、「日の伝え」と「月の伝え」などの仕組みを、音霊数霊の「カムノン音霊数霊表」などの公開と共に、世に開示するものです。

インターネットが普及した今日の世の中では、活字による難しい本が読まれる部数は限られているとは思いますが、本書は「初伝へ（入門編）」ということでもありますので、基本的なものをご紹介するだけにとどめてあります。

難しい内容も含まれていますが、できるだけわかりやすく書いたつもりです。本書との出合いをご縁に、「タマヤフルコトフミ」の世界に親しんでいただけましたら幸いに存じます。

神儀舞第98代日巫子　光ノ宮　総司

藤原和晃

カバーデザイン　三瓶可南子
協力　平盛さよ子／筆谷泰紀
校正　麦秋アートセンター
本文仮名書体　文麗仮名（キャップス）

目次

第1章

「タマヤフルコトフミ」の概観

第2章 「タマヤフルコトフミ」が伝える真実の歴史

第3章 地球を「チタマ」に戻すヒミの国（日本）の役割

第4章 神示と神言（神降ろしで降りてきたメッセージ）

第5章 古儀・神儀舞《かむふりまい》

序章

タマヤフルコトフミとの運命的な出合い

山中、太鼓の音に誘われて……

私が先々代（神儀舞第96代日巫子光ノ宮総司）と出会ったのは、昭和39年、中学1年のときでした。

先々代はかなり高齢でしたので、そのときはすでに97代目家元を先代の方に譲っておられましたが、足が丈夫で山歩きがお好きということで、よく山に行かれては祈っておられました。

私も山が大好きで、ときどき行っておりました。

ある日、知り合いのボーイスカウトの指導員のお兄さんに、「今からでもガールスカウトに入って、いろいろ勉強しないか。自然の中に身を置くのはいいことだよ」と誘われ、皆さんと一緒に連れていっていただきました。

山の中腹あたりに来た頃だったでしょうか、「ドーン、ドドーン」という太鼓の音が聞こえてきたのです。

私は太鼓の音が大好きなので、列から離れて音のするほうに行ってみると、3人のシャーマンの方々が踊っていたのです。

内向いて、外向いて、ゆっくり回りながら、言葉も発しながら……。その動きは何と表現したらいいのか、〝自然そのもの〟という感じで、私は引き込まれるようにして見入ってしまいました。

シャーマンは「タマヤメ」（もともとは「コトフリツキノタマヤメ」といいます。昔でいうならば、アメノフトダマノミコトという方もシャーマンのご系統です。

シャーマンというのは、本来は宇宙からの仕組みというものをすべて、肉体を持った人間に伝えていかなければなりません。人間は何のためにこんな重い肉体を持っているのかということを教えていかなければならないのです。人々に背を向けてでも、ときどきはちゃんと宇宙につながることができなければ、シャーマンとしては務まりません。

「待っていましたよ」

さて、舞が終わって、その3人のシャーマンの方がすーっと退出されて、先々代のところに集まり、話を始めたときに、私の中で何かが弾けました。

私は、幼稚園はキリスト教系の幼稚園に行き、あるときは病気の親戚のそばに座らされて、お経を一生けんめい唱えさせられるというような経験をしていたのですが、どれもイマイチ違う。何か人間臭くて、私にはどうにも入ってこなかったのです。その私が、「これだ！」と直感で思った何かが、そこにはありました。

先々代はちょうど斜めこちらを向いていましたが、パッと私を見られて、「いらっしゃい」と手招きをしてくださいました。

私がその方の近くまで行くと、

「あなたは、きょうはあの人たちと来たのね？　ああ、よかった。呼ばれたね」

と言われました。その「呼ばれたね」という言葉が、まず来たのです。強いインパクトを持つ言葉でした。それで、

「はい、一緒に来ました」

と言ったら、私の顔をじっと見られて、

「待っていましたよ」

と言われたのです。「待っていましたよ」という言葉は、初めて会う方には普通言わないと思います。

それがきっかけでした。

私は、その方に会ったことがないような気もするし、でも何か懐かしいような気もしました。「待っていましたよ」と言われて、なんと返事をしていいのかわからずにいると、

「あなたは今、こういう舞を見てどう思いましたか？」

と、質問を投げかけられたのです。

「目のあたりがパッと開くような感じがしました」

と、感じたことを素直に申し上げました。

そのとき先々代が、ぼそっと「アウラ」という言葉を発したような気がしたのですが、よく聞き取れませんでした。

「あなたはどこに住んでるの？」

「今は京都です」

「近いね。もしあなたが、こういう舞とかお話が好きなのであれば、必ずあなたは来ます」

と言われたのです。

「必ずあなたは来ます」という言葉にも、先ほどの「呼ばれたね」という言葉に負けないくらい強い衝撃を受けました。

私は舞が好きで、日本舞踊の花柳流を少し習い始めていたのですが、それはシャーマンの方々の舞とはまったく違うのです。

日本舞踊というのは「見てちょうだい」と、見せるような舞でした（私にはそう思えました）。しかし、シャーマンの方々の舞は、見せるというよりも、歌にフーッと集約して何かにつながるような感じの、今までにない舞でした。それで、「これはちょっとおもしろいかもしれない。やってみたい」という気になり、花柳さんのほうをやめて、シャーマンの方々の舞を教えていただくことにしました。

それで、学校はどうするのとか、いろいろ聞かれましたが、「まず、いらっしゃいよ」ということで、日を改めて伺いました。

シャーマンの方々の手ほどきを受けながら実際にやってみると、これは普通の舞ではない。舞そのものを覚えるのも必要だが、必要な教養を勉強しなければならない。それも一朝一夕《いっちょういっせき》で学べるようなものではない、ということを痛感させられました。それからでした、教義についても私が本格的に学び始めたのは。

シャーマンと巫女はまったく違う

ところで、この舞ですが、全体のほぼ3分の2はカットしなければならなくなりました。なぜかというと、それこそ月氏《げっし》の時代になってから社《やしろ》があちこちに建ちまして、巫女という存在がいるからです。

私たちは巫女ではありません。舞といっても、違う内容でちゃんと歩いてきました。その途中の時代におられたアマツヒコネノミコトというお方が偶然、舞を見て何かを感じられ、「あなた方はあなた方で、ちゃんと残していかなければならない」ということを言われました。そこから継ぐ者に必要な内容を伝え、後には記録するようにということでつなぐようにしたわけです。

そのころ、タマヤメのことを「ヒミコ」と呼んでいました。歴史上に出てくる卑弥呼とは違います。歴史上に出てくる卑弥呼は、中国の占いを中心とする系統のおばあさんの孫娘ということで、「ヌエ」という名前までちゃんと出ています。女の占いというのは、その時代は非常に格下ですが、上位で中心となる者は、そういう身分の者にあえて自分たちを占わせることが貴重だったのです。

古い舞としては、江戸時代末期（寛政年間）、近衛家の舞指南役を勤めておられた「井上サト」（初代井上八千代）という方がシャーマンを次の代に譲られて、「井上流」という流派をお立てになっています。今も祇園のほうにあります。

シャーマンと巫女はまったく違います。

シャーマンは、もともと社《やしろ》を持ちません。シャーマンは意乗りと人のつなぎのために舞っています。すべては大もとの宇宙が準備をしてくださった至《し》善《ぜん》そのものです。人の肉体と人々への貢献の精神、その両方をどんな方にも与えています。両方のバランスをとるために、私たちは完璧な肉体を持たされているのです。

私は先代より、むしろ先々代から教わったことのほうも多いのですが、先々代から教わったのは、舞が四分、お伝えが六分でした。

私は子供の頃は京都の西石垣《さいせき》通りのあたりに住んでいました。先代は神戸に住んでおられましたが、先々代は京都市内にお住まいで、一時期、近衛家にかかわりのある方、岡田良一氏の若かりし頃に、教育係を担当されており、その間は東京方面にもお住まいでした。岡田氏は後々宗教家になられたそうです。

そして時が流れ、私は平成元年立春に第98代目を継承させていただくことになりました。

第1章

「タマヤフルコトフミ」の概観

前にも申しましたとおり、「タマヤフルコトフミ」の内容は多岐にわたり、膨大ですので、テーマ毎にお話しするのが一番良いのですが、本書は入門編という位置づけですので、この章では「タマヤフルコトフミ」の概観をお伝えしておこうと思います。

概観ですので、後の章の内容と重複する部分もあります。その点、あらかじめご了承ください。

日本が原発を作るときに当時の首相に警告した先々代

10代目のトヨが初代天智女（あ、ち、め）をいただいて、先々代が5代目の天智女になります。何かのお役目があったのでしょう。原発をつくるときに当時の首相であった鳩山一郎さんにお会いしたのは先々代です。

先々代は大変なことがおろされている方で、「これはまずい。少しでもいいから何とか応援させてほしい」と、知っている方を間に1人通して、鳩山さんとお会いして、その内容をちゃんとお伝えしているのです。

今、日本にもっとも必要な資源は地熱という形で神々がちゃんとそろえてくれています。

北から南まで、まず地熱を利用して、原発はせいぜい1基か2基にすればよかったのですが、何基も作ってしまいました。

鳩山さんは「日本がこれから経済成長するために必要なのだ、国民のためだ」と言われたそうです。

「これから後々、何か起こらなければいいがね」と先々代が言われたのは、「これから先々原発での事故が起きるだろう」ということが予言されていたということです。

二手に分かれてヒミの地（日本）に入ってきたユダヤ民族（カド族）

私どもの「ヒノヒフミ」は、今出回っている「ツキノヒフミ」（要説明）

とは違います。

「ヒノヒフミ」を唱えると、ある図形ができます。その中で〝完璧な人の軸〟が完成するのです。この図形は完璧に宇宙につながります。でも、実際に肉体を持った人に伝えられているのは「アマノタマツルギ」（要説明）で、これは玉に陽と陰の二つの意味がちゃんと入っているのです（霊《ひ》のたまと魂《こん》のたま）。

（［注］この内容は文章だけではわかりづらいため、セミナーでお伝えしましょう）

空海さんは、もともとは四国の出なのですが、四国は「始国」と書きます。かつて、あそこで、ユダヤの方とか渡来の方々がいろいろな破壊運動を行いました。

神器《じんぎ》（ヨミの役割）と神氣《しんき》（ヒミの役割）は違います。

瓊瓊杵尊《ににぎのみこと》が「三種の神器」を「鏡・玉・剣」と言っていますが、あれは真っ赤なウソです。全然違います。あれはユダヤの神から賜っている象徴という意味の三種ではない。

実際に、後の日本には、食べ物を保存するための「マナの壺」も確かにあります。「アロンの杖」もあります。

アロンの杖というのはユダヤ支族のまとまりを意味します。つまり、国をつくるために結束することを象徴するものです。昔は燭台を用いてユダヤの神に祈りを行っていました。燭台は横になります。そうです、アロンの杖というのは、ユダヤ神に祈りを持つ燭台の意味を基に、カド族中心に国造りに動く全七支族を、結束の杖にまとめて剣の形にした神宝であります。

マナの壺が前方後円墳の形をしているというのは、わかりますね。

天皇、つまり帝《みかど》はカド族の出身で「崇高なる」「由緒ある」という意味です。

ただし、二手《ふたて》に分かれて入ってきました。一番初めに入ってきたのは、始国ではなくて九州《くす》の地《ち》です。

九州の地に一番初めに入り込んできたのは、ヒマラヤを挟んで南のほうから陸路で入ってきた、後々の武内宿禰《たけうちすくね》の先祖です。あのあたりは陸地も大きな地殻変動がある前ですから、かなりつながりを持っていました。もともとの本名も「ムチシュクネ」と出ております。

ヒミの地というのはアジアの陸地につながっていて、地殻変動が起こるたびに離れて、ずれていきました。その頃の地図は先々代がちょっと描いていたのですが、私は絵が下手なのであまり描けませんでした。

そのもう少し後で、ヒマラヤから上のほうを伝って入ってきた者たちが、戦いながら幾つかの国を造り始めたので、初めに入ってきた方々とちょっと確執を生じました。

ところが、結果的には同じ「ユ」でした。ユダヤの月氏《げっし》なのです。月氏《げっし》と日氏《ひし》というのがまた別にありまして、日氏《ひし》というのは「ヒミノワタル族」といって、もっとも古くにモンゴル方面で生活しておられた方々で、そちらのほうは後の出雲王朝の系統の者が入っております。ヒミの地で第6期目の地殻変動が起こったときに、一度大陸のほうに戻られて、再び入ってきました。

古い土着の方々は、アララキとヒミノワタル族がもともと何カ所にも住んでいて、お互いに交流を持ちながら、血縁も結んだので、今の子どもたちはヒミノワタル族の血縁というのが一番多いのではないでしょうか。

赤ちゃんのお尻に初めのころ青あざが見られるのは、ヒミノワタル族の血縁も引いているわけです。

ユダヤ民族が入ってくるまでは、
アララキとヒミノワタル族は仲良く平和に暮らしていた

戦いが嫌いな方々が家族を連れて太平洋のほうから渡ってきたのが、アララキです。今の九州のほうから入ってこられ、共にどちらも北半球と南半球にちょっとまたがっていた「ミゥ」です。火山噴火などもありまして、今は地殻変動であちこちに沈んでいます。

口伝のものを書き写した文献もありますが、あのころはほとんど口伝です。今の日本列島でも、日本海に近いほうに主にヒミノワタル族がいて、太平洋の海域のほうはアララキの人たちが、初めは、根を付けてから、少しずつ互いに住まいを広げていっています。でも、途中、途中でちゃんと交流を持って、だんだんと北や南へと根を付けていくのです。

そういうことで一番多く根を付けていた場所は、九州《くす》の地《ち》と始国と、和歌山とか奈良とか丹波のあたりです。ちゃんと交流を持っていて、その場所、その場所で市《いち》のようなものをつくっていました。北の方面は、今の関東・東北方面にも広がっています。

ユダヤ民族は、自分たちの国をつくるために、戦いながらそういうところを根こそぎ征服しようとしたのです。それがなければ、それまでのアララキとヒミノワタル族は本当に仲がよくて、首領もおのずと決まっていきました。動物にしても、自分たちの生活を守るために必要以上のものは殺さなかったのです。アララキの残された一部が後々のアイヌなのですよ。

ユダヤ民族の働きは「国造り」、そのため神の社を必要とした

ユダヤ民族、すなわちヘブライ民族の働きは「国造り」ということです。ですから、国造りの協力体制を持つ神々をお祀りする社《やしろ》が必要になったのです。社はソロモン神殿の祀り方とほぼ同じです。

あくまでも私どもは社を持ちません。これは最後の最後までそうです。「や」というのは人、「しろ」というのは、その働きの場所という意味ですね。

国を造って、人を大勢殺して、城を建てる。

天皇という存在自体が神と直結しています。天皇イコール神である、そういうことを大々的に広げるために社をつくり出したのです。

九州の地から始国に入っていった当時から、その時代の権力者による企みが行われてきました。

そして神戸と始国の道をつなぐ島が淡路です。これも私どもの文献にあります。

神の戸というのが「天《あ》」であり、土に足をつけて人に貢献するという意味が「地《わ》」ですから、本来は「あ」と「わ」なんです。

「あ」と「わ」をつなぐ道ということで「淡路《あわじ》」ができているのです。「あわ（淡）」という言葉にも確かにそのことが入っています。初めのころはそれでわかったわけですね。

そして、左回転、右回転の鳴門の渦があります。これは宇宙の法則そのもので、それが初めから私共に伝わる舞の中にちゃんと入れ込まれていたのです。

国造りの働きの系統は「天《てん》・陣《じん》（人）・地《ち》」と呼ばせました。天は「あま」ですが、それを「てん」と呼ばせたのです。つなぐ島で働きを行うのは人である。そこを「じん」というのです。人によって陣地取りを行う。そのために天・

陣・地としているわけです。それが国造りということです。

でも、この働きは必ず神政の切替えによって変わる、そのときには地は大きく揺れるという示しが、シャーマンのほうにはちゃんと入っているのです。それが阪神・淡路大震災ですね。神政の切替えが近くなると神々が動くということで、先々代にはメッセージがたくさん降りたみたいです。

弥勒＝月であるが月氏の系統とは別のもの

「弥勒《みろく》の世」といいまして、一時的に国造りが盛んになった時代がありました。

弥勒というのは月です。

「3、6、9」も「6、6、6」も、どれをとっても全部18になる。これが月の時代です。弥勒の世の次の数字は100です。

月の時代に入った当時は、人々を差別したりすることはありませんでした。

神示

昭和三十九年　一月十二日

カミウツシ 77　ヒタマ 77　サカサ 28フ

アマソラ 85　ニ　サノ　シラヘ 85

セイ　ノ　イト《星団神の遺伝子》　ヨウコウ 95

ノチ《後》　オト 19（つなぐ）　カソ 18（月）　37（ヨ）

ナルト《鳴る戸》　ニ　シル《智る》

⑱

今迄が月（ミロク）の世

369＝18（月数）

666＝18（月数）

567＝18（月数）

ところが、途中から国造りということが出てきて、ユダの月氏が、後の天皇という位置づけを持つことになります。

すべて神という存在は天皇イコール神で、神そのものが天皇になる。瓊瓊杵尊《ににぎのみこと》とか、そういうものから全部、神話としてつくりあげなければならないという企てを起こしたのが『古事記』です。それがなければ『古事記』はありませんし、『風土記』も『日本書紀』もありません。『日本書紀』が漢字で書かれているのは、日本人に読ませるためではなく、天皇という位置づけが、すべて神の直系である、神そのものであるということを信じ込ませるために、こういう書をどんどんつくっていったのです。あれは天皇の謀《はか》り事です。

「これから弥勒の世が来ると言っている人がいる」と弟子から聞きましたが、2012年までが弥勒の世、つまり月氏の世です。けれども、あまりにもひどい状態になったので、いよいよ人間の世界も神政の切替えになります。弥勒のことを「月」と私は申し上げました。しかし、同じ月であっても、各パーツを全部合わせて生命体をここまで完成形につくられた月の神々と、月氏の系統とは違うのです。そこのところを後々には細かく言っていかないといけないと思っています。

ただ、人間は行《ぎょう》をするために肉体を持たされていますから、そういうことも加味しますと、肉体を持った人間が1人もいなくなるまでは弥勒の世なのですが、月氏の働きはもう終わりです。そういうふうに偏《かたよ》らせ、戦わせるためにに人間たちを洗脳・支配したという働きが終わりになります。

そうすると、そういう罪を全部隠しておこうと思っても、神の手は全部蓋をあけられますから、特に肩書のある上位の者は、黙っていても、あんなことをしたの、こんなことをしたのということがいつの間にか暴露される時代に入り始めています。上下の差をつけている部分がバランスを取り戻すための最後の行ということになります。

だから、これからはこの程度で終わりませんよ。どんどん出てきます。特に勝負事には顕著に出てくるでしょう。すでに相撲界やアメフト問題などにも出てきていますが、「気づきなさい」という部分が表面化してくるということです。

国内の関わりも、国造り系統の焦りが、大きな〝あがき〟を生じてきます。

事をなすのが役割だから「ミコト」という

『古事記』の内容をもっと知りたいという方々が多いようですが、天皇の前にスメラミコトの短い期間がありました。よく「〜ノミコト」とつけて、神だ、神だと祀ってありますが、それを「企て」というのです。「ミコト」というのは肉体を持っておられますが、今の人たちはわかりませんから、それを神として祀っているのです。

私たちは肉身を持った人間。神柱《みはしら》をいただいている人間です。神柱とは、人間誰しもが脊髄・骨髄を与えられていて、そこに神経と遺伝子の血を通していています。事をなすのがお役割ですから、ミコトなのですね。わかりやすく言いますと、神柱をいただいて事を成す人間は、すべてが「ミコト」なのですよ。

人間は行をするために重い肉体を持たされている

本来は各行によって全部働きが違います。本来は五十音までです。ただし、五十音であっても、「あ」と「お」というのは大元の「アマ宇宙」です。アマ宇宙の端の端にこの太陽系の宇宙がありますから、アマ宇宙というのは行場の域ということです。大元の広大なる宇宙というのは「カム宇宙」というのです。

私が初めてお会いした方に必ず申し上げるのは、「私たちは今、重い肉体を持たされて行をしていますけれども、宇宙の中の住人なのです」ということです。

こんな重い肉体を持つ前は星団に住んでいました。

人間は訳があって今、重い肉体を持って、行動を起こすために神柱（脊髄・骨髄）をいただいています。この神柱につながる上の重要な間脳（頭の部分）にエネルギーを入れる重要な場所が2カ所あります。その場所とこの柱が、肉体をいただく前の骨組みです。それを教えたのが北斗七星です。

北斗七星がひしゃくのような形になっているのは、「入れる」「ほどく」という意味です。それに柱、背骨、脊柱という骨組みの場所が、それぞれ全部意味を持っています。

北斗七星はなぜ7という数字なのか。7というのは行と役割のために、あえて肉体を持つ人に一番かかわりのある数だからです。

この太陽系の宇宙をつくるに当たって、新たにビッグバンで元素エネルギーを出します。つまり、どういう宇宙をつくるかによって、それに合わせて元素エネルギーが出されるのです。宇宙のどんなところでもそうです。例えば銀河系の宇宙をつくるとしたら、その度に、あえて新しく元素エネルギー

カムノン音霊数霊表

・カムノン（音霊数霊）表の決まりごとは、宇宙より地球に降ろされた法則の中で、必然性を保ち、細かく数霊で分けられ、今世の問題まで予知されています。バランスのとれた宇宙すべてに緻密なご計画と天意の伝道がうかがえることは大変有難いことです。

・言葉の各音の数の合計数が、その言葉の数霊です。

・数霊にはそれぞれ意味があります。

【注】「ン」は初発の「ア」につながるため、1と数えます。

カム大宇宙より神写しの原理 → アマ(太陽系)小宇宙へ(カムノン)
↓
神音(乗)

元 素
111

音 霊＝111　　ヒフミ　　数 霊＝111

(カ)(ム)	天 あ お ん 音		カ／ミ	地 ち お ん 音	
アマ宇宙の御計画 (意) (N) (霊・精神・意図)	ア 1	オ 2	ウ 3	エ 4	イ 5
	カ 6	コ 7	ク 8	ケ 9	キ 10
	サ 11	ソ 12	(ス)13	セ 14	シ 15
	タ 16	ト 17	ツ 18	テ 19	チ 20
	ナ 21	ノ 22	ヌ 23	ネ 24	ニ 25
天界物質繁栄現象 (識) (Z) (魂・体・物質)	ハ 26	ホ 27	フ 28	ヘ 29	ヒ 30
	マ 31	モ 32	ム 33	メ 34	ミ 35
	ヤ 36	ヨ 37	(ユ)38	エ 39	イ 40
	ラ 41	ロ 42	ル 43	レ 44	リ 45
	ワ 46	ヲ 47	ウ 48	ヱ 49	ヰ 50
濁音	ガ 51	ゴ 52	グ 53	ゲ 54	ギ 55
	ザ 56	ゾ 57	ズ 58	ゼ 59	ジ 60
	ダ 61	ド 62	ヅ 63	デ 64	ヂ 65
	バ 66	ボ 67	ブ 68	ベ 69	ビ 70
	パ 71	ポ 72	プ 73	ペ 74	ピ 75

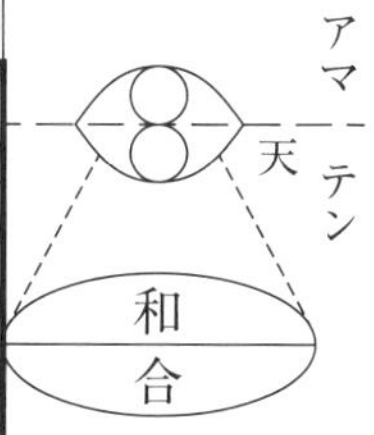

を放出するのです。宇宙には試作の銀河もたくさんあるようです（［注］肉体を持つ物質宇宙創成のみ7周期です）。

寺とは何かというと、行をするために生まれてきて、最終的には、その役割とバランス調整をとるために入れられたエネルギーがほどけるということです。与えられていた肉体からほどけるのです。肉体がヨレヨレで、もう行動できない、人のために貢献できない、そうなったらまともな行もできないでしょう。それならば、そろそろほどこうか、と。それがホドケて、仏となる語源です。

先ほどの北斗七星は、人という人像《ひとかた》を計画されるもっとも初めの段階で、すでにカム宇宙には位置づけられています。

アマ宇宙全域が行場のために位置づけられたところで、行としては今、第3段目です。2段までは失敗しています。初めは、それこそ形のない、意識体そのものだったのですが、それもちょっと訳があってダメになった。次に半物質の状態をつくったら、ほかの星々から、これは研究のためにいいといって狙われて、いろいろあってダメになりました。

今は第3弾で、アマ宇宙の端の端。これで完璧な肉体になったのです。宇宙のあちこちに飛んでいけないような重い重い肉体にしなければならなかったのです。アマ宇宙で行をするたびに、その周りに第1弾、第2弾といろんな惑星ができます。

織姫・彦星の話は単なる逢引きの物語ではない

第3弾のあたりにもたくさん小惑星ができます。それを人間が見ると、本当に川の水面のように見える。天の川というのはアマ宇宙そのものの域でもあるのです。

アマ宇宙の大きな役割は、織姫・彦星の話をちゃんと宇宙神はわからせるためにつくってくれているのです。それは年に1回、バランス調整をするためです。あれは単なる逢引きの物語ではありません。

七夕には何で「七」という数字がついているのか。子どもたちだからこそ、つないでいただきたい。「七」という数字は、ものすごく大きな意味を持っています。

北斗七星の骨組みは真っすぐではなく、ちょっと曲がっています。それを「ひしゃく」と教えています。「ひしゃく」というのは、バランスをとるために必要な日（霊）のエネルギーをはかるもの。杓《しゃく》というのは、はかりのことです。

日には霊という字を当てはめますが、日は形ではない。思いとか感情でバランスをとるために、生まれる直前に「松果体」というところに全員与えられるオキシトシンのエネルギーのことです。

もう一つは「下垂体」に与えられるテストステロンです。これが身の働きです。脊柱を通して行動を起こし、欲にもかかわりを持ちやすく、パワーもつきます。成長する度に人は欲がふくらみ始めますから、もっともっと、それがどんどん上がってきます。

あまりにも欲ばかり出し過ぎるとバランスがとれないので、日（オキシトシン）というバランス調整を自分たちがとるためのエネルギーを一緒に入れる。これが第三の目、「間脳」と言われるところで、日のエネルギー、魂《こん》のパワーエネルギーです。重い念、執着がかかわってくる部分を上げてはいけません。抑えるのです。私たちは、その両方のエネルギーをいただいているのです。

10代目シャーマンは四国に霊場が必要なことを空海と話し合った!?

「まわりうた」というのは、初めから読んでも後から読んでも同じ文で、それが平安時代のシャーマンに降りてきています。この内容を先々代もいろいろな方にお話しししています。

「自分の先祖がこれをつくったんだよ」とか、「これは縁起のいい宝船が描いてあるから、これを枕の下に敷いて寝るとすごくいいんだ」と言う人もいます。

本文の中でも一例をご紹介していますが（170ページ参考）、これは歴代のシャーマンが伝えているはずですから、絶対に伝えていかなければいけないと思っています。

平安期はシャーマンに降ろされる「タマヤ文字」を通して示されました。「まわりうた」は、行をする人間たちに写されている宇宙の法則・システムの内容であります。まわり方そのものも左回転で通って、右回転で通って、回り回ってそこからまた始めます。

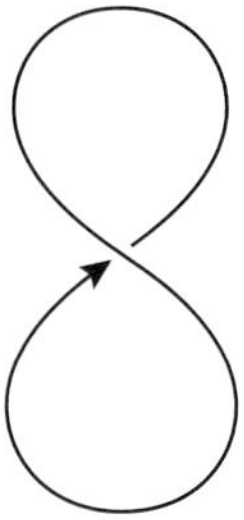

左から右への巡り

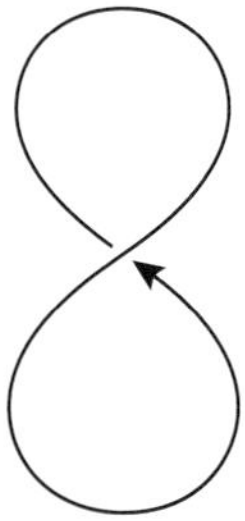

右から左の巡り

この巡りから、ある図形が完成されるのは、後々お伝えする「ひのひふみ」うたで、実際に描きながらお伝えさせていただきます。

四国霊場88の数字には意味があります。あれは空海さんが88の意味をちゃんとおわかりになってのことです。でも、四国をめぐると、すべてが時計回りではありません。部分、部分でちゃんと左回転が入っています。

当時の10代目のシャーマンと空海さんが、1回目は793年ごろ、2回目は810年にお会いして、なぜ四国に霊場が必要なのかということを話したという文献も残っています。

今の時代に生まれた大きな役割は、バランスをとるため、行《ぎょう》を行うためです。

その地を中心にして行う国造りという謀り事は、この世の人々が全く知らないままに終えなければならない。肉体をほどいて後、始国で大勢の土着の者たちが殺され、念とか恨みが多かった。だからそこを供養の地にしたのです。

そういう意味も含めて、始国に「死国」という字を当てはめた人もいるのです。つまり、そこで罪を償うための祈りの光をつなげなさいという意味なのです。88というのは、アマ宇宙の域の端。富士をいただくその富士の意味もちゃんと持っているのです。

後に空海さんがつくった「いろは歌」には、7という数字の暗号が入っています。「ヤーエ（ヤハウェ）」というのはユダヤの月氏の神です。その謀り事によって、地上が国造りの拠点となり、大勢の者が殺されました。その意味は「謀り事が解けない」ということです。解けないことを「解かず」といって、最終的には「念を込めたまま死す」ということなのですね。

空海さんは、「とがなくて」とか「罪がないのに」という意味ではないそうです。謀り事を行ったのは全部罪人ですから。だから、九州《くす》の地に根づいていて仲よく住んでいた土着の人たちも、始国にも、もともと仲間がいますから、始国に一度逃げてきています。この時代はまだ始国は、すわみの地と

いろはにほへと
ちりぬるをわか
よたれそつねな
らむうゐのおく
やまけふこえて
あさきゆめみし
ゑひもせす

いろは歌に秘められた暗号

1079年の『金《こん》光《こう》明《みよう》最《さい》勝《しよう》王《おう》経《きよう》音《おん》義《ぎ》』に記された現在最古のいろは歌。七文字づつに区切られ、七行で記される。一番下の文字を続けて読むと「とがなくてしす」つまり「咎《とが》なくて死す」そして右上、左上、左下の文字を続けて読むと（丸囲みのところ）「イエス」となる。

言われていました。
「いとする」は警告の意で、「いろは歌」の真中心に入るわけですね。

初代も月の働き（月読命）、二代目が天照大神

『古事記』の一番初めの話がイザナギ、イザナミの国生みの話ですが、イザナミはカグツチを生んだあと亡くなり、黄泉《よみ》の国に行ったと書いてあります。イザナミもユダヤから来た人でした。

そして、亡くなったイザナミの後を追って黄泉の国に行ったイザナギが、死神《しにがみ》と化したイザナミに追いかけられ、命からがら帰ってきた。そして、みそぎのために左目を洗ったら天照大神《あまてらすおおみかみ》、鼻を洗ったら素戔嗚《すさのお》、右目を洗ったら月読命《つくよみのみこと》が生まれた、と。

『古事記』は崇高な神的存在の内容でつくり上げようとしていますから、神の名前がたくさん入ってきますけれども、9割方はフィクションではないで

すか。

神という存在を強調させるために、あちこちに社をつくったのです。自然そのものの祈りというものが「90度で事をなす」と、そういう社をつくったのです。神官も90度の平伏礼を行います。

一方に神様をお祀りする場所があって、そこにご奉仕をさせられたのが巫女《みこ》です。白い上着に緋の袴。おなかの部分を何で赤い色で包むのでしょうか。月だからです。女性は月と関係があるでしょう。「産むとか」とか「つくり上げる」「物質をつくる」という意味です。

月の神が一番初めの生命と育みの神です。ですから、日の丸の丸は月の象徴なのです。

私はよく申し上げているのですが、あれ（日の丸）は太陽ではありません。赤というのは生命の月の色です。あえてそのようにつくり上げているのです。太陽は真っ赤ではありませんよ。

天照大神が日の神だというのもつくり上げです。アマテラスはアマテルとは違います。あれは初代ではありません。初代は名前がちょっと違いまして、皆さんが聞いたことのある名前です。その方は、月読命《つくよみのみこと》というのです。月読命というのは、後の弟子もわからない。「月を読む」というので、占いをする人たちが行く神社が壱岐にありますが、それが初代です。ただし、この名はあくまでも『古事記』用の名であります。

ところが月読命は1週間目には殺されてしまった。殺されれば、恨みを持つ者がいます。その恨みが月読を暗殺へと動かしたのです。

初代は亡くなったのですが、次に継ぐ女のお子さんがいらっしゃらない。始国の地で、どうする、どうするとなった。2代目が決まるまで再び7日間を要することとなる。男の方を立てるしかないかということになったけれども、弥勒の時代であるならば、物産の役を象徴すべく、女性でなければいけない、と話し合いが続く。

そうして7日目に、ユダヤの系統の神官の娘を立てたのです。

7日という空白の間、岩戸に入れてしまわないと話がうまくつながりません。だから、岩戸の中にお隠れになった……と。後々、それが死んでいたというのがわかる。天皇さんが亡くなることを「お隠れになる」と言うのは、その名残なのです。

月のご系統ですから、女性でなければいけません。けれども、月というよりは日、本来は「ヒミの地」ですが、日の働きが一番初めに担当され、それから間もなくして月の働きに変わったというだけのことなのです。だから、ここのヒミの地というのは日のお働きが一番いい。そのほうがみんなついてくるということだったのです。

もう一つの意味は、太陽の恵みの明るさで人間は動いて、物質繁栄にもつながる点を考え、太陽の神へと『古事記』に記しただけのことであります。

ユダヤの月氏は月の民族

ユダヤの月氏は国造り繁栄のための三つ巴合流となる方の、月の民族です。「ヤ・ゥマトウ」というのは「我々は月の神の優秀なる民である」という意味です。それを「ヤマト」にした。これにすべてが入ってくるのです。すわみ（後の始国）のあたりにまず国をつくるという計画を持って、経済を考えていく。確かに経済というのは、肉体を持たせ、そういうユダヤの働きが必要だから、その系統でおさめようとしたのです。

宇宙神が二番目に物質繁栄の系統を、人間界で貢献役割として計画を立てるに当たって、肉体を有した者たちが行をしやすいように、衣食住の安定を与えました。

それまでの第1弾、第2弾の行の時代には、あっちの星、こっちの星といろいろかかわりを持って、また悪さをし、新しい星ができたら、それを研究したいから頂戴とねだり、もらえなかったらバンバン壊す。壊すのは簡単なことです。

その霊力を少し抑えるために半物資にしたら、今度はほかのところから、あれはおもしろいから研究のために我々がもらう等、この2番目もアウト。そして第3弾で、今のような肺が初めてつくられたのです。月の神はいろんなパーツとともに肺を作ることで、安易に宇宙の星々とかかわらせました。生命体が完成されたのは「ウサ星」なのです。

オリヲン星団の中にウサギ星というのがあります。たくさんの星をつなぐとウサギの形になるということで、ウサギ星（うさぎ座）と呼んでいるようですが、本来は月でした。月の神の本拠地星です。そこでいろんなパーツを研究されて、最終的にはすべて完成しました。

あえて月氏と別々に分けるために、私はそれを「月子様《つきこさま》」と申し上げています。いろいろつくってくださって、「月子様」の担当する神がたくさんになりました。肺、肝、臓器の臓など、いろんなところに「月」がつくのはそのためです。非常にありがたいことです。

弥勒には月子様も入っていますので、月子様の弥勒は大丈夫なのです。生命体を持っている限りは弥勒のお働きというものがある。ですから、もっとも生命を大切になさる。

ただ、月氏の物質繁栄系は必要以上のことをやってしまうので、土着の安定した和合で根を付けていた者たちを、計画、企て、企みによって、その場所から追い払ったり、大勢の人を罪もないのに殺していったわけですから、それにかかわる恨みを詫びるためにも四国霊場めぐりをしていかなければならないのです。

先々代が言われるように、今は「時期が来るまでもう少し待ちなさい」ということでした。それは、このように天皇の命令により、あまりにも多くの土着民が殺され、その生活形態までなかったことにしたという企ての重さが

「ヤマト」王権確立から８００年もの間続いてきた真実だからこそ、今まで表にさらけ出すことを躊躇してきたのでしょうね。

第2章

「タマヤフルコトフミ」が伝える真実の歴史

1　血塗られたヒミ（日本）上古以後の真実の歴史

外来民族の王権計画からすでに血塗られた歴史が始まった

我が国の大元、土着の魂霊は、まだ純粋で、日神からスメラミコトとの御存在をいただき、平和な生活を営んでいました。しかし、外来の民族がヒミ（日本）に入り込み、国造りの謀り事を企て始めてより、徹底して血塗られたともいうべき歴史が始まったのです。

「天照大神」という月の役割の存在あたりまでを境に、皇后がユダヤの血筋としてヒミに入られるのをきっかけとして、ユダヤ民族の人々は前もって調査をかねて入って来ています。以降、ヘブライ・ユダヤ・イスラエルの時代を経て、ヒミを目指し、少しずつ移動が始まったのです。

ヒミの地は、これらの民族を抜いては語ることなどできません。

歴史上、これらの民族は他国に連れ去られたり吸収されたりしながら、流浪の民となりました。しかし、チタマ（地球）の各国の中にこそ、根を張り、血を交えながら同化させていったのです。

特に、古文書にもあるように、ソロモン・アラムを経て、後にイスラエルができますが、その後、イスラエルは北朝と南朝とに分かれ、ヒマラヤを挟んで各地に軌跡を残しながら、北と南からアジアへ進出をはかり、ヒミへ乗り込んできたのです。

日本に存在する「三種《さんしゅ》の神氣《しんき》」とヤーエ神との契約「三種《さんしゅ》の神器《じんぎ》」

ヒミの地での三種の神氣は、皆さん、すでに理解されておられると存じま

㊟「ヒミ」と称する
までは国はない
← ㋻倭
← ㊎ヤ・ウマトウ
← 邪馬台国
← 大和王権
（天皇とワタル族
400年の確執
続く）

（ヤ・ウマトウ〜大和王権）この間も戦いが続く

す。

「天照主大日神」よりスメラの働きをいただきながら、三種の神氣をとおして魂霊のバランスをお伝えくださっておりました。

宇宙神は、あえてヒミの地にバランス和合を象徴するフジの山（へ）を置かれました。

しかし、ユダヤの月氏は国造り中心の謀り事にはバランス和合の象徴を止めるべく㊎（ヤマト）こそが国造りの象徴であるとしているのです。これこそ国造りを基とした物質経済なのです。確かに商売には企て・企みも大いにかかわりあるジャンルですよね。

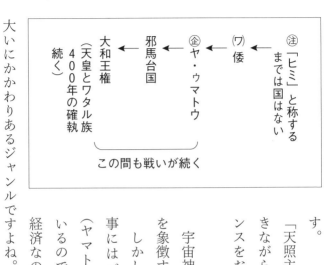

はじめは三種共形としては存在せず、途中の時代から形として造られました。

ヒミの「ヒフミノリト」も月のヒフミとは違うのです。

ヒミの地の三種の神氣は「鏡・玉・剣」で、それぞれ陽と陰の対となっており、呼び名も言霊ですべて示されています。

鏡では、陽が円鏡で「ヒタマルキヒノミカカミ」。陰は八角鏡で「ヤタヤヒノミカカミ」と示されます。

玉では、陽が円玉で「アメムスヒノキヒタマ」。陰が勾玉で「アメヤサカノヤヒタマ」と示されます。

そして、剣では、陽が「アメヒタマキヒノミツルキ」。陰が「アメヤタマワヒノミツルキ」と示され、合計6個となるのです。

しかし、神武天皇が皇位に即《つ》いたと同時期に、陽（日の働き）の三種は除かれ、陰の働きのみが残され、その陰も崇神天皇のときレプリカに替えられてしまっています。

では、イスラエルの三種の神器はと申しますと、「マナの壷・アロンの杖・十戒石」と伝えられております。

この三種を所持するイスラエルの支族こそ、ヤーエ神との契約として与えられた物質界を支配できる証であったのです。

じつは、このヤーエ神とつながるイスラエルの三種は、日本の国に存在しています。

イスラエル民族は、ヤーエ神との契約の「ヒフミノリト」とイスラエル三種神器を大切に携えて、日本に渡って来たのです。

ヒミ（日見）の国とヨミ（夜見）の国は宇宙相反の役割がある

ユダヤと日本は、大元はそれぞれ二つのふる里を持つ星団の役割星ですが、宇宙相反のエネルギーは、そのままチタマの中にも相反の役割で与えられています。まさに、まぎれもない事実として、日本とユダヤは、全人類の二つの役割を司る国として位置づけられていたのです。

大宇宙には、いくつかの銀河が存在していますが、その中のたったひとつの銀河（小宇宙）に、多数の星や星団を持っています。

私たち、大元の意識は、チタマに送られる以前は第一・第二の行場に在っても、その前はふる里の星団において、研究員として役割意識体でおりました。その意識は、宇宙カガク（神学）であるカミ合わせの意味（天意＝アイ）を理解できていたのです。しかし、ある理由から形有る存在、住まわせる星を造ることとなりました。

第三段目ですが、小宇宙の中でも、もっとも端の場所に位置づけられたことにも大きな理由として示されているのですが、その理由を現時点では伝えることはまだ控えさせていただきます。

さて、初めから霊交《ひと》のプログラムは組まれていました。太陽系の中で生かされているヒトは、肉体という実体を保持し、生きていくために太陽が欠かせません。

また、少しのちに月の配置が成され、試作の星も入れて13の惑星による太陽系となりますが、そのバランスの中でヒトは生かされています。

太陽と月には行動と休息というバランスも、そういった中で取れています。実体として行動し、また、体を休める必要もあり、プログラムでは、まず太陽を成し、太陽を中心に試作の星（惑星）を初期は13でまとめあげ、月の配置が成され、チタマが完成されますと、その系列より幽星として人の魂霊にもっともかかわる星も選ばれています。

要するに、チタマの人類は、太陽と月がなくては生きることができません。つまり、陽（太陽）と陰（月）のバランスシステムで、この世はできているのです。

月の役割神が肉体をつくられますが、肉体だけではロボットと同様です。それでは意味を持たないので、意識を頭の一部に入れ、お互い感情の交流を持たせ、霊交《ひと》として完成されたのです。

意識での和合を司る日（霊＝ヒ）の神々は、ヒミの地を指名され、物質界でありながら肉体を有し、行をする人間たちに意識（魂霊）とのバランスをとらせる役割の地であるとされました。

また、月（生命体・物質繁栄担当）の神々は、人類に肉体と物質・欲のパワーを上げさせる働きを役割遺伝子の血の割合で与え、その中でも、ボス的存在をユダヤ民族に託したのです。

国旗の違いでも立て分けが成されています。

日の役割は太陽で「ヒミ＝日見《ひみ》」と名付けられ、月の役割は月と星が入り「ヨミ＝夜見《よみ》」とも示されております。でも、日本の日の丸は、本来は生命を尊ぶ月が中心に配置さているのですが、現代は日として意識されていますよね。尊ぶ意識が日である証明ですよ。

それぞれの役割が遂行しやすいように、意識も遺伝子も前もってプログラムされ、ヨミの遺伝子には技術・化学・工学等の才能を持たせており、ユダヤ民族は特にそのトップであると示されています。

ただし、これだけは申し上げておきます。「日見」と「夜見」それぞれの役割は、人間全員に与えられるのですが、遺伝子血統の違いで、どちらの役割（割合）が大きいかで「日見」「夜見」の働きが分かれるのです。皆さま方は、ご自分がどちらの役割遺伝子が濃いか感じ取れますか？

いよいよ、神武期に起こった出来事と、以降の争いの歴史が明らかにされます。

大きな宇宙の流れの中で、チタマは新しい時代を迎えようとしています。今こそ、正しい歴史観を持ち、ヒミの役割を認識し、必要以上の物質欲などにとらわれない、企て事に騙されたり感化されたりしない、調和を保てる素直な想いを取り戻しましょう。

この時点では、まず太陽と月を題材にお伝えしておりますが、もっとも重要な意味は医学を含めた内容で伝える時期に来ています。これも北斗七星につながる……。また、富士山にもかかわる奥義でもあります。次回からの著書に記すか、または月々のセミナーでお伝えすべきかを検討しています。

2　人類は太陽と月のバランスで生かされている

月の神に導かれて「ヒミ」へ向かったイスラエル民族

日本とユダヤ（イスラエル）は、前述のとおり、元は故郷も同じ星団の同胞です。

しかし、チタマにおいて、なぜユダヤ民族は流浪の民となったのでしょう。じつは、これも物質神のプログラムの成せる技ともいえましょう。それにより各地で根を張り、諸国と血を交え、小国をまとめさせながら騎馬民族となっていったのです。

あるイスラエル支族は、月の神から2度命を救われ、少しずつ東方へと導かれていきます。この神を、イスラエル民族は日の神と思っていたのですが、実際は月の神です。

イスラエル民族は、はじめは大きな地殻変動など2度、月の神から命を救われました。

こうしてユダヤは月の神との契約によって支配権を得、その証が前述の三種であり、同族の団結の意味するところにもなりました。そして、東方へ導かれ移動していく途中で騎馬民族となったのち、ヒミの国へ入っていったのです。

その支族の中には、まだ子どもではありましたが、のちの神武天皇となるカド族の血筋が存在していました。

「タマヤフルコトフミ」が解明する邪馬台国の真実

そのころ、ヒミの国は、「アララキ」と「ヒミノワタル」の2部族が土着として存在し、現在で申せば関東と中部、近畿、不二に近い東海と四国もアララキとヒミノワタルが共存し、または交流を持って生活をしていました。この四国は、共存期間は「すわみ」の地と名付けられていました。その後、イスラエルの民族がヒミの国へ入ってくるようになり、平和がかき乱されていくようになります。

この「月読命の事件」で、アララキは七割は命を失い、残った者は北方面へちりぢりに逃げ、現在の青森の森の中まで逃げていきました。

月読命の事件とは次のような事件です。

上古代から古代期に移行する頃、「すわみ」の地（四国）にはアララキが根を付けながらヒミワタルたちと共存し、平和な日々を営んでいました。そのうち言葉が通じない者たちが二方から入り込み、「すわみ」の地で夜中に幾度にもわたりアララキが襲われ、七割ほどが殺されたため、ヒミノワタル族に救いを求めていきます。

その後、ワタル族とユダの戦いも、実に数ヶ所にわたり40年ほど過ぎ、「すわみ」は死の地の様相に。その東の方位（今の徳島）に根を付けたユダヤ民族は月読を立てて、まとまりの社会を築く体制を取りましたが、あまりにも行動がひどすぎた結果、ワタル族の長老の命令で月読を暗殺。ユダヤはアララキが殺したと考え、徹底して「すわみ」の生き残りも殺していくのです。

ヒミノワタルたちも土着として現在の富山や日本海側、近畿へと少しずつ移り住み、特に近畿地方は人口が増えだし、集落がまとまった状態になりました。

しかしながら、実は、クスの地（九州）には、近畿より少し前にヒミノワタルたちが定着し、集落もできていました。

この頃は歴史上の邪馬台国もなく、ヒミコという女王が登場するのは2世紀終わりから3世紀半ばにかけてです。それ以前はヒミの地、土着たちがすでに根を付けていました。

歴史研究家は、邪馬台国は畿内説だ、九州説だと論争を繰り広げていますが、真実は、どちらも土着の拠点場所でした。後にユダヤ系統が土着を殺して、その地を占領していきます。あたかもヒミの地ははじめからユダヤ民族、特に天皇が支配した場所であったかのように振る舞う必要があったためです。これも謀り事・企ての方法です。

南朝イスラエルとともに外来の騎馬民族がヒミに存在した資源の砂鉄に目を向け、紀元前123年に北九州に住んでいたヒミの土着と争って制圧し、のちに「倭国」と名付けたのです。「倭」とは中国での倭人《わじん》の一文字を取ったものです。

その後、朝鮮をおおよそまとめ始めた北朝イスラエルの残りの7支族の2

部族が北九州に入り、南朝と倭国の支配をめぐり争った末、北朝イスラエルの支族が勝ち、「ヤ・ゥマトウ」国＝邪馬台国と名付けました。２２５年のことです。

「ヤ・ゥマトウ」とは最古のアラム語で、「神の優秀なる、由緒ある民である」という意味を持ちます。

卑弥呼という女性は、南朝イスラエル支族がヒミの国へ連れてきた占いを業とする女の孫娘に当たる「ヌエ」でした。かなり美しかったことから、邪馬台国の女王にさせ、中国との交易を結ばせるために、ヒミコ（卑弥呼）と名付けたとされています。

邪馬台国ができた直後に、北朝イスラエル7支族のうちのカド族は同支族を引き連れて邪馬台国を経て、東へと進めて行きました。

ヒミの天皇《すめらみこと》と入れ替わったカド族の王こそが神武天皇

そのころのヒミの国は、数十年前に起こったかなり大きな地殻変動で、人口がかなり減っていたと記録されています。それを心配して、その当時の天皇《すめらみこと》も数箇所視察をしたものの体が弱く、畿内の近くに留まっておられました。

じつは、このころの代の天皇は、ユダヤの血も濃かったのですが、月氏より月子様（前出）のお役割が中心で、土着人たちからも信頼されておりました。

そこで、カド族の王である「フル」は、天皇に拝謁を願い出たのですが、武装をしていたフルを中心とした北朝の一団を見た側近は、天皇の体調を理由に会わせることはしませんでした。

「フル」は、一度は途中まで引き返しかけたのですが、邪馬台国から同行してきた長《おさ》から「側近からの使い走りの男は南朝の者」と聞き、態度が変わります。

「天皇が南朝のみを味方につけ、北朝の7支族を受け入れないつもりなのではないのか。神（ヤーエ）と契約を成した神器をいただいているカド族としては、このヒミをまとめる役割を与えられたことである」と叫び、フルは意を固めます。

その後、フルは、天皇の座に入れ替わってしまいます。

やがて、幾度も土着の者たちとも争いを繰り返しながらヒミに大和朝廷を確立し、イスラエルの支族と外来から引き連れてきた民族によりヒミの地は支配され、それからのちは、絶え間なく争いと封建、国盗り、物欲が広がり、日の働きも執拗に封じ込められていきました。

もう、お気づきと思いますが、「フル」こそ神武天皇であるのです。

歴史の真実は隠されていても、言葉の中に見出せます。「ヤ・ゥマトウ」がアラム語であったように、イスラエル由来の言葉がいまでも使われています。天皇のことをミカドと呼びますが、これもアラム語です。カド族の出身であるという意味です。

地球をチタマに戻すために目覚めるときが来ている

「タマヤフルコトフミ」は神武期以前の故意的に消された歴史に目をつぶることを許しません。なぜなら、歴史の真実を伝えながら、日本の魂霊に目覚めを与えるきっかけづくりが必要と感じるからです。

今まで、精神（意識・魂霊）を封じ込まれてきた分、日本人ならば魂霊の欲念を取る努力をして魂霊（岩戸）を開いて参りましょう。

人物に祈る宗教ではありません。私が申し述べたかったことは、この日本が訳あって古代他民族の支配を受けるに至り、日の働き（バランス）が下がってしまったことです。

日本人として、消された歴史の内容に目を向けることから意識の目覚めと諸問題をかかえた状況に、遅ればせながら認識する刻であるということです。特に、物欲の行き過ぎに加担していった日本人。この命の要の地球をチタマに戻すために目覚めるときが来ています。

戦後70余年、日本の変動期を経て、気づきなおす大きな節目に入りました。日本は敗戦し、CIAは政治経済面でアメリカの思い通りに日本を動かすことに成功しました。日本を経済大国とすることで、米国も大いに潤いました。日本も好景気で欲が噴き出します。米国色に染まり過ぎた分、意識の立て直しが急務となっています。諸問題元凶の腐敗分野へと、気づきの目を向けるための見直しのチャンスを与えられる時期《とき》かもしれません。

3　太古の麻（ヒミノオホアサ）と精神文化

太古代のキヨメは霊力《ひりき》での術《すべ》が一般的だった

太古の日本は「ヒミ」と称され、精神面を司る民族でありました。

しかしながら、地上に於いて人類が肉体を持って生きられるさまざまな幸を、大元の神々より準備していただき、恩恵を賜わりながらも、現代の地球規模の異常は何ゆえのことでしょうか。

特にここ50年あまりの間に、環境問題はふくれ上がっている状況です。

太古からの古文書「タマヤフルコトフミ」に記されている〝ヒミノオホア

サ〃を用いて、衣食住、燃料に至るまで生活に密着していたという時代から見ると、想像だにできない現象でしょう。

「タマヤフルコトフミ」には神武期以前の史実が記されていて、後にその史実を表に出させてはならないという政治の働きにより、幾度もの弾圧を乗り越えて何とか隠し続けてきた書です。古代シャーマンも幾人か殺され、正史も焼かれるに至った頃がありました。

この正史が存在することを阻《はば》む何らかの意図が有ったものと思われますが、ここでは、この古文書の中のほんの一部ではありますが、「浄めのオホアサ」のことに触れてみたいと思います。


本来、神職やミヤツカサは、マツリの場にて必ず植物の中でも浄めのエネルギーが強い「ヒミのオホアサ」を用いることは記録に記されておりますが、これは上古代の途中からであり、太古代では使用した記録はありません。上古代はシャーマンが自然において使用しています。

浄めの内容は〝浄めの術《すべ》〟を行っており、太古代ではアサでの浄めはまったく必要がなく、霊力《ひりき》での術《すべ》が一般的だったのです。

ところが、上古代21代目のスメラミコトの時よりヒミノオホアサをスメラミコト自ら身に着け、神々への祈りと御寝食を共にされ、天祖神・皇祖神・人祖神の大元の神々への儀式を執り行ったとされております。

「ヒミ」の国の太古の神祀りの記録は、上古代10代目スメラミコトであるタカミムスヒの時から前期の三大大元神が祀られておりまして、なかなか興味深い内容です。

また、祀り方も上古代と神武期以後の祀り方とは、かなり違っており、神武期以後は、ほぼユダヤ神殿形式が取り入れられ、現代に至っています。

上古代中期頃の神祀りの様子（古文書より）

上古代の祀りには、すでに古代麻が登場いたしますが、現在につながる祓い串（現在、神社などで使う、柄のところを持ち、横に静かに祓うもの）なるものとしては、もっと後になります。祓い串の扱い方も、今とは違っております。

上古代中期頃の神祀りの様子を古文書に基づき、基体となる内容のみ記させていただきます。

まず、上古代の祀りに神殿はなく、自然の中でもっとも氣の良い場所が「ヒミノカタシロ」といって、今で申しますと「ヒモロギ」といえるでしょう。

特に、自然の岩石の中でもエネルギーの強い石を真中に置いて、グルリと大きな円を描き、アメノイワクラにして儀式を行っていました。

円の内では、まず祀りのツカサとヒミノミコが浄めの術《すべ》を内外に向かって施し、同時につなぎの言霊と音霊にて奉仕いたします。

その後、各方位に設置された平らな置き台の上には、各所のオホアサが献上され、残りの方位の台には山の幸・海の幸等が感謝の思いで献上されます。

この際、ミケを担当するのはトヨウケの子孫であり、東北方面の幸が結構多く上がったとの記録も見られます。トヨウケとは食を担当する月子様（ウサ星）の研究員意識体が、この太陽系宇宙に生まれています。

また、献上されるヒミノオホアサは全工程を終え、とても綺麗な黄金色であったようで、その中からスメラミコトが直に祀り事に使われるアサを選出されています。後の麻は、祀りのツカサやミコが次の祭事に衣として身に着ける決まりとなっています。この頃のミコは巫子で、シャーマンが両方を司るのです。

祀りに欠かせない言霊・音霊

祀りに欠かせない言霊。音霊ではイワ笛や三ツ鈴。そして太鼓の部類、つまり打楽器。

色霊では五ツ色ののぼり旗。

フリ霊では、宇宙の法則に乗った「タマヤフリ」が奉仕に入ります。

フリ霊の代表となる神儀のミコも、祀りにはヒミノオホアサを身にまとい、神事に入っていました。

ですから私共、神儀の日巫子は、古代の舞は、必ず御奉仕で麻の衣を用いています。

エネルギーの強いヒミノオホアサは、後世の記録には「日見《ひみ》の大麻」と示されて、その時から太古文字である「タマヤ文字」で記録されている部分は一部分のみ。ほとんど形を消しています。しかし、後世のシャーマンたちにのみ、この文字は「カムノン表」と共に、永遠に受け継がれております。

古文書が伝えるシャーマン「ヒミコ」が殺された理由

また、古文書の中には神武期以後に記された、次のような記録もあります。

クスノチニヨミノオヲコシキタリテ、エダノモノホウセシヤ。
ソノユカリノチニ、イノサヒミノカミタマヤタツ。
エダノタミコノチコソアマノヒノミハラナリトモウシテ、
エダノマツリモトナシタモウニアクリ、モトス、
マモルヒミノミコノミヤクモチタル、
ヒミコトフリツキノタマヤメイカリテ、
ヒミノオホアサフリカザシ、コトノリアゲシトキウシロヨリ、
エダノタミスルドキモノツキサシテ、
ミコノミヲチニイザナワシメル。
トキオナジク、チユレノカミオデマシナサリ、
アマノヤマノアハワレテ、
ヒ、フキタチノボリソナルカタシメシヲアタワル。
ヒノカミ、コノヤマヲ、アソトシメサル。

少々長くなりましたが、ここにもヒミノオホアサのくだりが入っています。

簡単に訳しますと、次の流れとなります。

「クスノチ」とは現在の九州のことで、「ヨミノオヲコシキタリテ」は、物質を司る国、つまり日見の精神文化を司る働きとは逆の「夜見の国」のことです。

国旗には主に星や月で表される国がありますが、それらの国の代表者が、夜見の国々の布を日本の天皇に差し上げようと海を越えて来たのでした。

代表者は大変良い気を受ける「ミハラ」を見つけ、その地にユダヤ形式に基づいて神宮なるものを建てて、九州の地を制圧しようと計画をしたのです。

その地は「エダ」、つまり夜見の国と同じで、言葉を正すと「ユダ」となりますが、代表者はここで夜見の国の王者的存在となろうとしたのです。

それを知った「日見のミコ」（略名 日巫子）は、とんでもないことであると怒り、夜見の権力が及ばぬように、すべての霊力を持って言霊とオホアサと術《すべ》を用いて大きな祈りを行おうとしました。

そのために殺されたのですが、一部割愛させていただいたくだりでは、ヒミコが息を引きとる直前に、側近のミコに伝えている内容があります。

それは、「我が身は亡びようとも、意識はこの山を守るためにも、この地に生き続ける。すべての大元を守り抜け」というものでした。

それから、「イノサヒミノカミタマヤ」という部分は、イノサは五つの幣《へい》の元の言い方であり、現在阿蘇のふもとに幣立神宮なる古い歴史を持つお社が存在しています。

アマノミハラのくだりは、幣立神宮へ以前伺いました折り、近くの地に「馬見原」（マミハラ）というところを見つけました。

古文書には「アマノヒノミハラ」と記され、意味は天光原《あまみはら》でした。それを後に、渡来の民族が馬見原と変えてしまったのです。

また、幣は古くから「ノサ」と称し、古代麻の浄めと同じ意味を持つものです。沖縄方面のシャーマンの方々は「ヌサ」と申されるようですが、神との祈りには、このノサを用いるのが通常です。

ただ、大元の言霊は、浄めと祈りのときの祓い串のことをイノサと申し、大元の神々の意を乗り合わせる理の意味を秘めています。

前記に示したヒミコも、この浄めと祈りの強さを持つイノサの（工程を手掛けぬ前の素のオホアサの）本体を振った訳です。

まず、左側で大きく円を描くように振り、次は右側で同じく振り、次に真上で中心位を定め、左回りで大きくハラヒ、最後は地を指してハラおうとした瞬間に阻止され、殺されたのです。

しかし、側にいた身内のミコによって受け継がれ、後世への神事に使われる祓い串として伝えられているのです。

強いて言わせていただくならば、古代と現代とでは祓い方が大きく違うことと、古代麻、つまりヒミノオホアサが、長年にわたり輸入の麻が大半を占めているために、見失われているのです。そのため、今では天皇の御即位で使われる麻は、ヒミノオホアサではないのです。

諸問題を抱える地球。地球創生より神々のお働きにより、すべての恩恵を賜った人類の星。想念毒や石油ガソリンに頼りきった物質による公害汚染毒。人類が便利さと物欲で蒔ききった種は、人類の住む地球や人体のクリーニングにより刈り取るしか術はないのかもしれません。しかし、精神と物質のバランスを取り戻すためにも太古を振り返り、植物の麻文化を、今一度、見直す意識を持ちたいものです。

第3章

地球を「チタマ」に戻す
ヒミの国（日本）の役割

チタマから地球へと変貌させられた経緯

「音霊数霊の法則」というものがあり、そういう数によって神々は人々に「気付きなさい」と示されているのです。

大宇宙陽陰のバランスを元に、太陽からの恩恵の角度76を定められ、そこから像を産む星としてドンデンで「チタマ」（数霊では67）と名付けられました。当然、この状態というのは、人類にバランスという示しを与えているものです。

しかし、人間が勝手に必要以上の欲や争いでチタマを穢《けが》してしまったため、66というイシュク（萎縮）の数霊が出されてしまったのです。

「チタマノカソ、ロクロクトシメスモ……」という「示し（神示）」も降ろされています。

我欲を広めることで、途中よりチキュウ（地球）の言霊が与えられてしまったわけです。チキュウは数霊の示しでは71となっています。

この数霊で示される言葉に、「ヤミ」という言葉もありました。71という数霊の示しの意味を考えさせられる言葉です。

日神につながりにくくする音秘めは「アイウエオ」と「アエイオウ」

数霊には、人に伝え気づかせるための法則と配慮がなされております。日神（天照主大日神）より与えられた父音（陽陰で示されている正音の言霊数霊）の法則配列（アオウエイ）が、宇宙と地タマ（人類）の関係を解き明かす重要な鍵でもあるのです。

しかし、月神よりこの配列を変えられてしまい、アイウエオとなってしまったのです。こちらの配列は母音であり、宇宙とのバランスよりも地球上の物質を進化させる配列になっています。

生命体の育みと物質進化の配列は、別に悪いわけではありませんが、数霊

宇宙先祖神の役割り分類

宇宙大元音霊《オトダマ》　数霊《カズダマ》（カムノン）			人を大元に戻す「キヨメ」三種		
日神	カムノン	「アオウエイ」 ・音霊と数霊を咬む ・種人のカム宇宙へ戻す	日 意	霊《ヒ》の萎縮	氣与め　光 霊の穢戸と調整 和合を光で戻す
月神	アマ宇宙	「アイウエオ」 ・生命体を強化する（創造力と行動力など）（・原動力 ・創造力 ・行動力） ・カムノンを秘めさせた	月 識	生命の毒性化	清め　光　塩 ・生命体の健康保。 しかし化学成分の毒性も溜り易い
国造神（武 物）	人の天下《テン》界	「アエイオウ」 ・音霊 数霊を離す ・武神と物質繁栄中心により一層の強化を目的に和合を崩す	人間界の乱れ	魂《コン》と念《ネン》の穢れ	浄め（人間の念力程度では無理） ・戦い争いで命を軽んじ上下の差をつけた内容 ・必要以上の欲で企て戦った醜い穢れ

をあえて消し去ったことで大宇宙とのつながりが見えなくなるのです。もっとも武神系国造りの働きは「アエイオウ」。この並べ替えは強力なパワーを引き出すと伝えられております。数霊も咬みません。

さらに、父音のバランス配列を隠し、正音を秘めさせること（音秘め）というのは、日神につながりづらくし、バランスを崩す要因のひとつにもなっているのです。

近年に近くなり、日本大元の日の神事を復活させようと立ち上がった古神道派と称する人々により、ようやくこの配列に気づき、研究されはじめたことは大変嬉しい限りです。

チタマは全人類の命の要

チタマは、全人類の命の要《かなめ》の星として与えられたはずです。

ヒミ（日本）の太古の先祖たちは、人が生きられるすべての創造の親は、チタマの外の広い空間の奥でいつもチタマの子供たち（人類）を見守ってくださっているのだと、意識（魂霊）で感じ得ていたのです。

ですから、当然、宇宙の造り親へ感謝ができ、意識の持ち方もバランスが取れていましたから、心にもゆとりが充分ありました。古代、長《おさ》として生活をまとめる役割の代表たちは、人々の命をもっとも尊び、無益な争いは、宇宙の中の造り親への冒瀆《ぼうとく》であると認識していたと示されています。

初めからすべての恩恵を元に命をつなげて来られたことに、現代人の何割が感謝できているのでしょう。

人間は何でも作り得る優秀な存在であるとか、人生は勝ち負け中心のギャンブル的生き様の毎日というような思い上がった人。心おごり高ぶった生活態度がはびこっています。

大元は、空間のカガクのエネルギーも、地上の大自然すべても準備されていた内容を、人間という存在は単に取り込んで加工し、化学・工業・企業を通してほとんど商売勘定に結び付けてきました。

肉体界・物質界として、長きにわたり、月の役割神（物質神）が、この地球の人間界の神政を握ることになっておりましたので、物質で進化させる働きとしては当然といえましょう。準備の役割神からの、ふんどし（失礼ながら）で相撲を取り、儲ける世界が現地球の内状です。

企業戦争で必要以上の新製品が増産され、それによって土壌汚染や空気汚染が満ち、地球や人体の健康・精神に異常をきたす結果になっても、勝ち欲の争いはエスカレートするばかりです。

日本人の精神の源は自然への感謝・命の尊さ

企業の方々に申し上げます、どうしても新製品を作りたいのならば、地球の環境問題に良い意味で、もっとも貢献できる物や人の生活環境に害を及ぼす原因を取り除く技術を研究するくらいの努力こそ必要ではないでしょうか。

そういう意味で、企業が国に働きかけるならば、国も重い腰を上げざるを得ないでしょう。いまの現況を改善できるのは、「話し合い」と「良い方向に考えています」など、いつまでも口先でいうだけでは解決がつかないのです。

だからといって、日本の国民も便利さと物欲にばかり目が行き、新製品だから買わなければ流行に乗り遅れると言わんばかり。企業に拍車をかける立場にあることとも、そろそろ考え直すべき時機《とき》ではないでしょうか。

物慣れしてしまい、日本人の精神の源でもある「自然への感謝や命の尊さ」「無意味な争いは改善する」、究極は「一つの物を大切にする」という、人としての大元の生き方の心まで見失っていないでしょうか。

日本人が大元の生き方の心を取り戻すことが急務

いつの間に、このような表面の見た目だけ、形だけしか見ようとしない、自分本位で争いの波動を生む精神に変わったのでしょう。

それは、戦争後の高度成長の波がもたらした原因も当然あるのですが、一番の大きな要因は、古代の歴史の真実に隠されていたのです。

その歴史から少しずつヒミ（日本）のバランスを司る精神が抑えられ、封じ込められていったのです。

しかし、いつまでも封じ込められたままでは、地球も人類もバランスを崩し、行すら終えることは不可能です。日本国民が封印を解き、真っ先に精神を切り替え、行動を起こさなければ間に合わないことでもあるのです。

企（ヤマト）の支配・洗脳・呪縛から闇の歴史は始まり、呪縛がまったく解かれずに肉体をホドクのですか。

後に伝えますが、空海さんはこのことを、当時の権力者にわからぬように「いろはうた」の暗号で隠し、後世に残すことを考えられたと、十代目シャーマンは伝えております。

ここ百年の間にも矢継ぎ早に3代にわたり、江戸後期、明治から大正、昭和と「示し」が降ろされてまいりました。

残念ながら予告の示しは現実となりながら、平成を迎えて、6度も示され、いくつかの現象もいただき、前もってお知らせできるときは伝えてもまいりました。

再三再四申し上げてきましたように、一刻も早く日神とつながるような暮らし方に戻らなければなりません。大元の生き方の心を日本人が取り戻すことが急務とされているのです。現地球をチタマに戻すには、バランスを司る日本の働きの封印を解くことが重要です。

4　人の大元を知るにはカム大宇宙の星団を理解する必要がある

人像の造り親神「月子《つきこ》様」と月氏は別系統

地球人類が関わった戦いの元となるのは、太平洋と、現代でいう大西洋の域にかかりますが、４カ所の陸地で始まりました。

アティスとミゥは、後世になり「アトランティス」とか「ムー」などと言われています。どちらも地球で色人（黄・黒・青・赤・白）となる人々が、おおよそは４カ所の大きな陸地に共存していますが、役割意識のウエイトには違いがあります。

それは先祖の大元である役割神から、全人類の性質性格の遺伝子の糸を受け継いでいるからです。もっとも先祖神の8割が、地球人類上では物質面の働きで子孫につながっており、代表となる先祖神たちの持つ星団はオリヲンです。

そのオリヲンの三つ巴となるのが、この星団代表のベテルギウス→初めは「オリヲン」、プロキヲン→初めは「グル」、シリウス→初めは「シリュウス」です。

ベテルギウスとシリウスをつないで、その線上の右下には「うさぎ星」と学者が名付けている星域《せいいき》こそ、ズバリ私たち人類の生命体の製作神ともなる月神担当の持ち星です。

文献では、初め「ウサ星」（ウサセイ）と示され、人の像が完成に至るまで、さまざまな微生物〜生命体を研究され、失敗も重ねられています。しかし、宇宙内での争いには関わっておられません。

人像《ヒトカタ》の造り親神を「月子様《つきこさま》」と私は申しています。後に地球上での戦いと支配の歴史に連なる月氏の系統とは立て分けています。

人の大元を知るには、まず宇宙↓それもカム大宇宙の星団を理解しなければ、先祖神にすら辿り着くことができないと記しておきます。辿れなければ、人の存在も太陽系宇宙そのものも、意味がないこととなります。

次の神言は昭和31年1月に、神儀舞96代目に降りてきたものです。

神言　昭和31年1月

(太陽系宇宙)
あまそら　極《きわ》めの細《さ》やを
具《そな》うる意《い》　智《し》るや否《いな》や
生きとし細《さ》やもくさぐさも
チタマ共《とも》入《い》りのカミ合う

果《か》へ具《そな》うると覚《さ》めさせよ
国の司《つかさ》　危《あや》うきは
欲《ほっ》すに救いの意　識らず

（資料1）

なぜ昭和31年に、突然この「示し」が降りることとなったのでしょうか。

おそらく後年に、原発事故が増すことで生命体汚染に至る危険を伝えてくださったと感じています。

月子様ご系統の神々は、人類を存続させるために、地球の地殻にも地表・地底広範囲に至るまで、資源となるものを準備してくださっています。

資料1の「神言」で示されているように、微生物・植物・温泉・鉱物等は本来、危険とは逆の利用で具えられており、電力も地熱利用等で充分補えることとなっていました。

しかし、国はそれに目を向けず、もっとも危険な要素で電力保持を企てていくこととなります。

この神言が私共、神儀舞96代目に降りたことで、知人の衆議員議員（当時）の益谷秀次氏を通じて自民党鳩山一郎首相（当時）に伝え、地熱発電を急ぎ推進すべきとの意向を伝えましたが……。

国造りのお働きの遺伝子は、国を造ることが中心。経済面と物質面の繁栄の遺伝子は、成果を上げるために手段を選びません。ただし、ここで注意しておきたいのは、物質面を中心に司る役割遺伝子の系統には、次の性質が必ず入っていることです。

これらの性質を当然と思うか、多少違和感を持つか。それぞれの感じ方ですが、あくまでも御先祖神からつながる役割を自ら知ることが大切かと思います。

自己の性質は星団先祖神から写される

〈物質面を中心に司る役割遺伝子の系統の性質〉

①勝って当然。負けは自分自身が許せない。

②プライドは高い。自分に自信を持てる。

③物事、徹底しないと気がすまない。

④自分を認めない相手には、敵意を感じる。

⑤自分のためなら手段を選ばず、支配欲も強い。

⑥国盗りの時代であれば、出世のためなら何人殺そうが平気。差を付けたがる。

⑦謀り事や隠蔽のまま、徹底的に洗脳支配する。

⑧とにかく、戦い争いの世界を好む。自分のための戦力となる兵隊を自ら動かしたい。

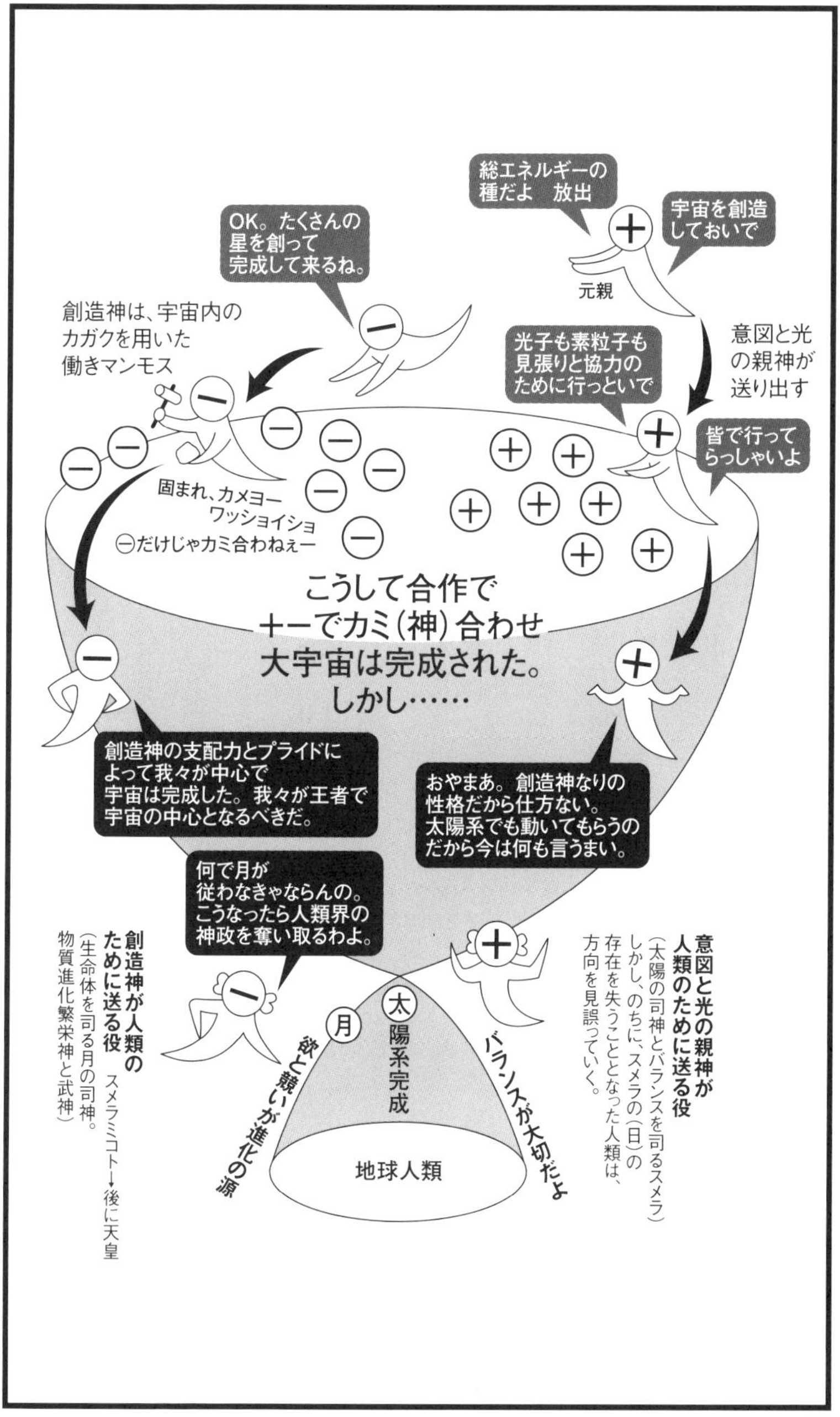
総エネルギーの種だよ　放出
宇宙を創造しておいで
元親
OK。たくさんの星を創って完成して来るね。
創造神は、宇宙内のカガクを用いた働きマンモス
意図と光の親神が送り出す
光子も素粒子も見張りと協力のために行っといで
皆で行ってらっしゃいよ
固まれ、カメヨーワッショイショ
㊀だけじゃカミ合わねぇー
こうして合作で
＋−でカミ（神）合わせ
大宇宙は完成された。
しかし……
創造神の支配力とプライドによって我々が中心で宇宙は完成した。我々が王者で宇宙の中心となるべきだ。
おやまあ。創造神なりの性格だから仕方ない。太陽系でも動いてもらうのだから今は何も言うまい。
何で月が従わなきゃならんの。こうなったら人類界の神政を奪い取るわよ。
創造神が人類のために送る役
スメラミコト→後に天皇
（生命体を司る月の司神。物質進化繁栄神と武神）
月
太
欲と競いが進化の源
陽系完成
バランスが大切だよ
地球人類
意図と光の親神が人類のために送る役
（太陽の司神とバランスを司るスメラ）
しかし、のちに、スメラの（日）の存在を失うこととなった人類は、方向を見誤っていく。

⑨特に、作戦・隊・念・武士・国造りの言葉が好きで、よく口に出る。
⑩肩書きや地位を好む。
⑪戦うことも神の御計画だから当然と思う。

以上です。皆さん、いかがでしたか。

私は以前より20数年に渡り、大元カム宇宙（大宇宙）の創生と先祖神も関わる星団や役割神のお伝えを、講演や雑誌などを通して続けてきていますが、自分自身がいずれの遺伝子でつながる子孫なのか、少しずつ理解していただけるようになってきました。何よりに思います。
①～⑪の性質は、カム大宇宙のオリヲン星団のお役割を遂行するには、もっともふさわしい性質です。
国造りには、確実に武神の御系統が協力しています。自分のための戦力となる隊士を自ら動かさなければ、強い者を国の王に据えることも叶いませんから。しかしながら、肉体をいただいた人（霊交）に行動を起こさせること

生命の源 やっぱり宇宙から？

南極の隕石から「証拠」の分子

NASA、論文発表

地球上の生物の設計図、DNAを構成する分子が、地球外にも存在することを示す初の証拠が見つかった。生命が地球外の物質に由来するとする説を支持する結果で、11日付の米科学アカデミー紀要（電子版）に論文が掲載された。

米航空宇宙局（NASA）などのチームは、南極などで見つかった炭素を多く含む隕石《いんせき》12個を分析。DNAの遺伝暗号の文字に当たる分子四つのうち、アデニンとグアニンを見つけた。

隕石からこの種の分子が見つかったことはこれまでもあるが、地球上の生物に由来するものが付着した可能性が残り、断定的なことは言えなかった。

ところがチームは今回、地球上の生物のDNAを構成しない別の分子も同時に発見。それらが、隕石が見つかった地域の氷などには全く含まれていなかったことなどから、アデニンとグアニンは地球外から飛来したと判断した。

また今回のアデニンとグアニンは、非生物学的な反応でできたものであることもわかった。これは、隕石の古里と考えられる小惑星など、生物がすめない過酷な環境でもこれらが合成される可能性を示している。

生命が地球外に由来するとの考えは新しくはなく、地球外のウイルスや細菌が隕石などに乗って飛来し、生命の起源になったとの説（パンスペルミア説）もある。ただ、火星からの隕石に微生物の痕跡が見つかったとする研究などは、否定され続けている。

今回の発見は、ウイルスなどではなく、生命に必須な分子が地球外から飛来したとする説を支持するものだ。

（松尾一郎）

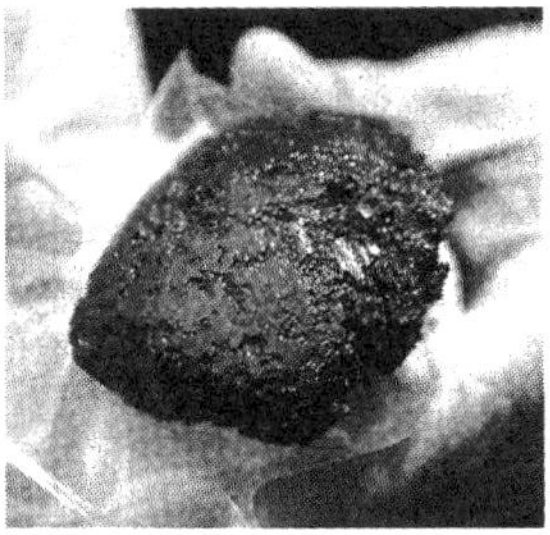

南極ではこのような大きな隕石が見つかることもある＝2010年1月、中山由美撮影

も御計画にあります。

天の川銀河の域に太陽と月を配置される宇宙神の御意図（計画）で、太陽系アマ宇宙は完成されていることを各地セミナーでもお伝えしています。地球人類にも、相反の役割を持つ星団もあります。

プレアデス星団とオリヲン星団とは相対意識を担う

先ほどは、オリヲン星団に関わる先祖神のことを記しましたが、もう一つのプレアデス星団のことも記しておかねばなりません。

大元カム宇宙でもっとも多い人の先祖神の意識は、この二つの星団にあります。後々、人類への遺伝子につなげる基本48神の意識先祖神が担当される星団でもあります。

オリヲン星団では物質界を担当。プレアデス星団では、ヒタラスとリセラはバランスと和合調整を担当し、指導教育が人の世界でも中心となります。

もう一つのリィラはケァーとお育て担当の役割を担う先祖神が関っています。

相反の役割を担う星団をわかりやすくまとめてみますと、次のようになります。

・プレアデス　△（ヒタラス星・リセラ星・リィラ星）
・オリヲン　▽（オリヲン星・シリュウス星・グル星）

現プレアデスは、文献上では「フレィア星団」となります。

このフレィア星団を守り、オリヲン星団を見張っているのが、「スハラ星」という存在であり、現在の天文学者が言う〝アルデバラン〟(すばる)なのです。

このフレィア星団（プレアデス）にも、芸術の美を研究担当する三つ星があります。アルシオ星・タリ星・ヨモツ星です。

この三つ星の一部に、残念ながらオリヲン星団の持ち星争奪戦に関わり、奪われて無くなった星もあります。

星争奪戦で抵抗した相反の星団のことを、地球人類界では悪者扱いして教えています。

戦いを仕掛けたオリヲンの先祖神星団ですが、こちらが宇宙でも優秀な創造神三つ巴で正義を主張しています。

この争奪戦争が大元カム宇宙で激しくなり、宇宙御計画の大元神は、致し方なく争い合った先祖神を中心に選び、第3弾目の行場となる人の住む小さな太陽系宇宙の計画に入れられました。それは、先祖神たちの性質性格を遺伝子の糸で、子孫たちとなる人類界で和合の行をさせるのが第一の御計画であったからです。

この重く瞬間移動もしづらい肉体を与えられても、和合より戦いを好むのも訳があってのことながら、本当に情けない限りです。

カム宇宙では芸術と教育の△星団と、物質創造進化の科学担当▽星団がカム（咬む）関係となる。

人の歴史は謀り事と国造りの支配がすべて

広大なカム宇宙の域で起こった結果、大元宇宙神は、まず天の川銀河を完成させ、その域のやや端に位置する、人の素真居《すまい》する太陽系を完成するため、行場の素真居である地球すべてに至る元素、エネルギーまで、素粒子最奥から放出されているのです。

しかし地球全人類は、この素粒子最奥神の御計画から完成へ至っていることなど知らず、日々競いに明け暮れています。

はっきりと申し上げますが、この天の川銀河〜人の素真居まで、御計画の宇宙担当神をⓈと申します。

Ⓢは、宇宙神の御計画の真中心に位置しています。

和合調整の意識も図られるため、戦いを中心に国造り、物質繁栄のみで支

神言（みこと）

大正五年如月（四日）

カム《（咬・神）》大宇宙は（外宇宙）
陽《＋》陰《－》咬み《かーみ》合わせて全てを宇ます《（産ます界）》。
これ大元かみの御働きにて
アマ《（天）》宇宙（内宇宙・太陽系）にも繋ぎなる
神学《かがく》（科・化学）の初発と覚《さ》めよ。
人に関わる全ての二親神ゆえ相反《そうはん》を咬《か》ます。
宇宙の意識を操作され、親神様より意図《イート》《（〇計画）》（糸）→遺伝子
の意識・肉体（像《かた》）の頭部内《うち》へ。魂霊《たまひ》と申させ
氣多《きた》より神喜《かんき》。意図《いと》（糸）スゥーっと入れ与うるよ。
意咬《こころか》み合《あ》い育《はぐく》ます。天意《あい》が真《まこと》、人の素《す》《（姿）》像《がた》なり。
糸の主（イトの親）←遺伝子

配したがる先祖神の系統は、⑬の数霊をもっとも嫌います。

その国が造る物に於いては、ホテルでも、飛行機の座席を見ても、⑬のナンバーは皆無です。徹底して戦いを挑んでいるのを感じます。

初めの五行である「アカサタナ」までの一音一音は、和合を果たす人（霊交＝ヒト）への計画協力神の役割を教えています。

その中心がⓈとなります。

この段階では、欲の片寄りはあまりありません。ただし、後の「ハマヤラワ」五行に関しては、人の行場に関わる現象と物質面へ移行していきます。

人の行場の中心はヤ行であり、後の五行の真中心となる音霊はⓊの㊳です。

前出の御計画神Ⓢ13の数霊に対して、Ⓤ㊳であり、己柱ともいわれる脊柱チャクラを通して、人に行動を起させる役割の先祖月氏、和合のバランスを司る相反Ⓤの日氏が程良く役割を咬《か》んでいます。咬み合う結果、和合度合いが図られます。

アティスとミゥは地球上で戦った最初の運命共同体で、㊳の数霊同志

前記は「カムノン」と示され、太古代〜上古代を経て伝えられている音霊数霊を咬む重要な内容です（カムノン表　音霊数霊表70〜71ページ参照）。

㊳の数霊はユダヤの働きともいわれています。

㋓の働きでも、アティスは宇宙創生に関わる先祖神の遺伝子を受け継ぐ物質繁栄で、白人中心、他の色（黒・赤・黄・青）の人たちは、物質界で国を造り上げるための人類として、白人種は思い通りに動かそうと、さまざまな謀り事をしています。

太平洋と大西洋の域は、いつしか長年の物質支配の系統により、抵抗する人類との争いが起こりはじめます。

大きな役割の陸地として、アティスは太平洋と大西洋の域に関わり、2カ

所に陸地を有します。これを後に、アトランティスと人は名付けています。もう一つがミゥであり、太平洋域でも北半球と南半球に分かれて陸地を有し、後にムーと人は名付けました。

ミゥはアティスの物質的繁栄よりも、さまざまな芸術面に秀でており、アティスを競わせ、戦わせる国造りの意識とは性質が少々異なっています。

人類が共存していたアティスとミゥを、「カムノン」で音霊を引き出し、音に関わる数霊を引き出して計算してみると、ⓤの㊳が共に出ます。宇宙創生から人類界まで、すべての役割が引き出され、理解させてくださっています。

アティス＝月氏の役割　1＋19＋5＋13＝38（ユ）

ミゥ＝日氏の役割　35＋3＝38（ユ）

月氏の遺伝子には、国を造り、戦いで生命を軽んじることで穢れ、片寄りの数霊が出てしまいます。

カムノン表と共に、124ページや137ページの図を参照していただくと、月氏の数霊が戦いの神の働きであることがわかります。

和合の御計画ⓢ神は戦いでの国造りは認めない

ⓢ神は、肉体を有する人（霊交《ヒト》）のために、物質面の役割も、確かに御計画として持たれています。ただし、和合の役を果たさせるために、衣食住の面を安定させ、行《ぎょう》をしやすくするのが目的です。

ところが、徹底しなければ気がすまない物質界支配神ゼウスは「ヤーエ」と音を変えて最高神であると認めさせてはいますが、ゼウスとヤーエ神は同じ神です。

「カムノン」でも、それが証明されます。

ヒト(霊交)への役割り

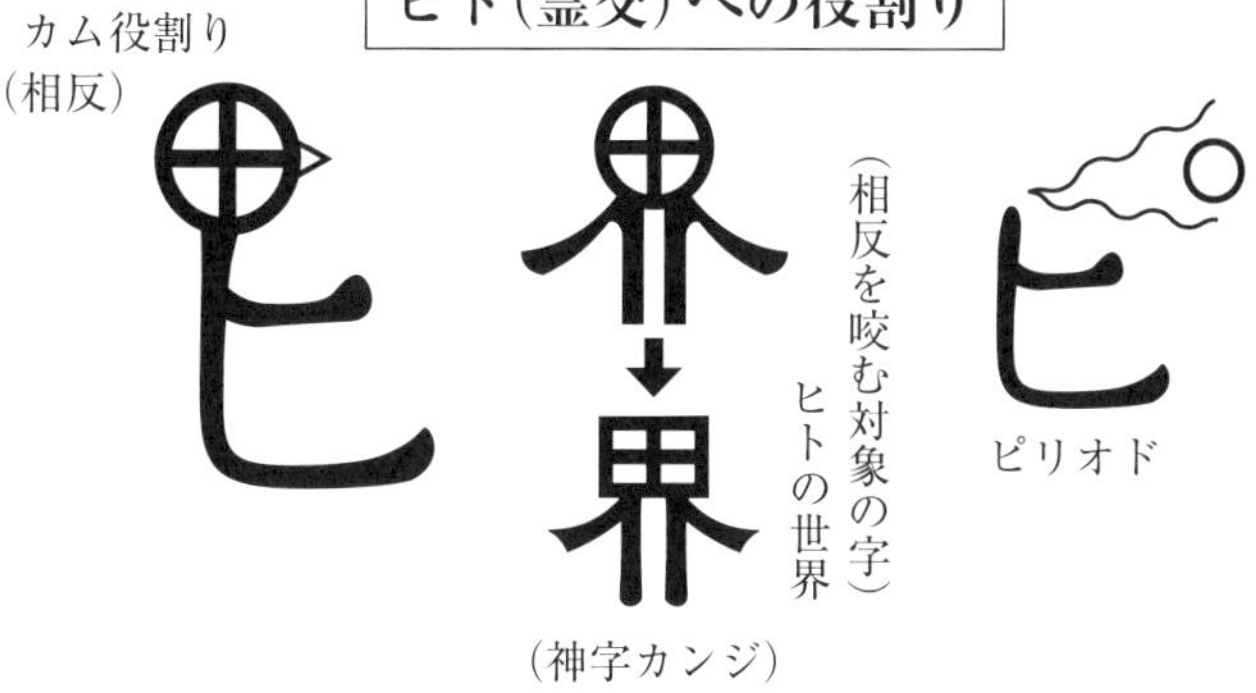

ゼウス　＝75（ピ）　59＋3＋13＝75
ヤーエ　＝75（ピ）　36＋39＝75
※なお、ヤーエのエはヤ行のエで39です。

人は和合の役割を果たすために、頭部の間脳の場所にもっとも重要な部所をいただいて生まれてきます。

それは「松果体」と医学上名付けられていて、バランス調整を計る光エネルギーが感知できるところで、同時に和合の結果も計られるところです。

75の数霊は(ピ)です。

ヒトには和合を果たす役が、上図のヒトを意味させますが、ピリオドとは、片寄り意識なら二度と再生も許されず、宇宙の中に無となります。

皆様は大丈夫？　物質界のみに染まりきっていないでしょうか。

物質界支配神は、神話を作らせては、すべてに最高の役割を誇示します。あたかも人の生命を殺《あやめ》ることが国を造るために必要であったかのように、遺伝子の子孫たちを洗脳してきたのです。

しかし、和合の御計画の㋜神は、和合の行を成すべき人類の生命を殺させての国造りを許してはいません。

日本神話では物質繁栄支配神が国万造主《くによろずつくりぬし》大神

地上では、初め和合調整役のス神が㊐への見張り役として、「スハラ」星より十山（タリヤマ＝現・立山）へ天降られています。

㋜神が㊐の調整で選抜されておられましたが、途中より物質繁栄を担うオリヲン星団より、地上人類界へと神政切替えの橋渡しが行われていきました。

「スメラ」の㊐の調整神から、人類の生命体パワーを付けて物質繁栄に持って行かせる㊊の時代を担う「スメラミコト」の役に移行され、現代に至ります。

第4章

神示と神言（神降ろしで降りてきたメッセージ）

神示と神言《みこと》

冒頭で述べたことの繰り返しになりますが、「神示」とは代々継承者にタマヤ文字で降りてくるものです。3世紀頃のタマヤメの日巫子のものが確認されている最古のものですが、タマヤ文字から日本語に訳され写しかえられています。タマヤ文字は長い歴史の中で散逸し、現存しているものは一部のみで、それ以外は確認されていません。

神示とは別に、タマヤ文字ではなく日本語で降りてきたメッセージ（神《み》言《こと》）があります。古いものは散逸してしまいましたが、江戸時代からのものは現存しております。

私はこれまで何度も地震や津波のことを神示で伝えられ（神降ろし）、そのたびに警告を発してきました。中越沖地震も「あらかた（新潟）示す」とのご神示が前もって示されていました。

ヒフミの３段階で大きな節目の転換期がある

ところで、皆さんは、ここ数年、さまざまな問題を感じてきているので、不安を抱いておられるようですが、それでは、あなたご自身は、この数年を通してどのような行動を起こされましたか。

不安なので、この先どうなるのか早く知りたいといわれる方々に、意識変革と助け合いの思いを持っていただくことを願って、御神示から答えさせていただきます。

神示を通してみますと、ヒフミの3段階で大きな節目の転換期があるようです。

第1段の節目は「ソ」の数ですから12。つまり、２０１２年。

第2段は「ヒ」の数ですから２０３０年。

第3段階は「ミ」の数ですから２０３５年。そこから終末へ入ることになります。

先進国の都合から競い合わせのシステムを作り、人類界が欲の暴走を続けてしまった末路から、地球全体のクリーニングも余儀なく受けなければならない時代に突入しています。それは、第1段の節目までに傲慢となっている者たちの意識がまず切り替わることができなければ、その分野が今後は崩壊へと向かっていきます。

自分たちの意識の不調和が問題を作り上げ、暴露されることとなります。悪事をうまく隠そうという意識が、いつしか自分を苦しめます。唯物中心の神々の働きも、どんどんと終焉に近づいているためです。

隠そうという意識やごまかしの闇の働きから、正反対の意識交流で調和（バランス）を司る神政へと移行される働きも始まっています。

そのお働きのエネルギーは光そのもので、闇から開かれてゆくこととなりますため、クリーニング作用が強くなって、これからは、欲・ごまかし・自己中心の闇の世界こそ逆に結集を始めるのです。

しかし、2007年（平成19年）より、示しの通り、闇の蓋はいやおうなしに開けられ、諸問題が表面化され、年が進み、2008年は、国の中心を担う分野まで飛び火し、世界的に不安の火蓋が切られました。

農業政策が未来の運命を変える

次は2009年に今後起こると予想された内容です。

◎太陽の表面が爆発を強め、黒点の働きも強くなる。
＝「ヒノオヤ　タエコト　タイヨウニ　フツフツオコル」

◎落ち着きのない政治はまとまることもできず、農業に力を入れられない限り、輸入に頼ることで問題が再び起こる。今年のうちに日本農業の見直しが行われない限り、今後は国内で自給自足そのものができなくなる。

＝「マトマリナキ　クニマツリ　アリテハ　ショクセヌ」

◎今年こそ着手しなければ第2段である2030年の節目で食べることすら難しく、農業も立ち行かなくなる。

＝「ヒミオノレノショクヲワリニ　フミノケシメ　アワレ」

◎2009年にも各分野の役付きが膿を出される。特に傲慢な性格の意識は切り替えが大事である。

＝「チカキハ　ヤクノウミダシ　カネヤクモ　クスレノカリトリ」

◎自然界や気象によるクリーニングの威力が強さを増す。地震や竜巻には注意が必要である（実際に、ここ数年、地震や竜巻の被害が増大しています）。

神示

2007年(平成19年)10月1日3時15分～

イノリテ　アツキニ　カナメハ　オサエ　イリヒハ　キスクカ
フシハ　ウツシノコトワリ　ヒフミ　カソニヒロイユキ　シメス
テント　セン　ヒミノチ　オヲイニ　フウスル　アラフルケカレチ
ヒハ　ソノカソノ　ケシメ　フハヒノカソ　ミハミノカソ
トウトウハ　ヒ・ミノコトワリ　カマセヌ　ヨナルハ　アレノカマエ
ヒノオヤ　タエコト　タイヨウニ　フツフツオコル
ヒトノホシ　マトマリナキクニノマツリ　アリテハ　ショクセヌ
ミスホツスモ　ヨクノユタネテノヌチ　チモ　アツク
モノツクリ　イノチオツテ　トケユク
ヒミ　オノレノ　ショク　ヲワリニ　フミノケシメ　アワレ
ヒミ　クニマツリ　ヒトタヒ　アタマモタスモ　チニヲツ
クニマツリノ　ヤカラ　トウニ　ヤクヲワル　ミコミハサル

チカキハ　ヤクノウミタシ　カネヤクモ　クスレノカリトリ
クニタミ　マトモハ　アノワリヒミノ　イシキ　イチリン
ノチ　アメカセ　キヨメノカソ　ツヨミユキ　フイノホウモン　シル
ソノカソノケシメニハ　カソモサル　カリトルカ　ヒミタミノ
ヤクタツカ　キリカエハ　ウコクカ
四五ノチ　タリウチニ　チノフルキトコロ　ウキアカレル

※ヒミ＝日本のこと

神言《みこと》　昭和35年3月30日5時

カムの理《ことわり》　重ねて識《し》らせ参らせよ
氣多より　ヒフミ　霊交《ひと》へ降り産ます
㋪は㋕の調《しらべ》

㋫は舞の見張り
㋯は糸の働き通す巳《み》（ヘビの象）の柱なり
魂《たま》のへそは働きゆえに㋰と識らせ凝《こ》らせおる
物産《ものう》み三つ巴《どもえ》の糸　アマ封し　天と詰《つ》めしむに
現世《うつしよ》にても今だ　カムソラの神写《かむうつ》し見ぬままに
霊《ひ》の役去らしめ　魂《こん》の働き占するは
魂より霊を㋩゙ッテン（萎縮）に葬《ほうむ》る目論見《もくろみ》
今世覚《さ》めざる様《さま》なれば㋕　㋰はドンデン
神はかりも　タリトセ　早まる意《い》　識らせ参らせよ
ユ《ゆ》の役　はき違いさすな
霊《ひ》交《と》の糸　戻すも叶わぬと覚めさせよ
㋴は片役にあらず

神言

大正5年如月（4日）

カム（咬・神）大宇宙は（外宇宙）
陽陰（＋・－）咬み合わせてすべてを宇ます（産ます界）
これ大元かみの御働きにて
アマ（天）宇宙（内宇宙・太陽系）にもつなぎなる
神学《かがく》（科・化学）の初発と覚《さ》めよ
人に関わるすべての二親神ゆえ相反《そうはん》を咬《か》ます
宇宙の意識を操作され
親神様より意図（糸）（意図＝ご計画・糸＝遺伝子）の
意識・肉体（像《かた》）の頭部内《うち》へ。魂霊《たまひ》と申させ
氣多《きた》より神喜《かんき》。意図《いと》（糸）スウーっと入れ与うるよ
意咬《こころか》み合い育《はぐく》ます
天意《あい》（あまのこころ）が真《まこと》

人の素像《すがた》（姿・糸の主＝イトの親）なり

神言

大正12年葉月（29旧）

神は裁かぬと幾度も申しておろうが
裁きとは、悪しき魂もつ者が使い始めよ
親神が定めたる舞（真意）にては裁く事も許されぬ
人本来のふるさとへ導き、帰り易き魂を育てること
内なるものに響かせ、魂目覚めさせよ
三つなる目の要《かなめ》に響かせ開けて許される。動く波じゃ
波も地震れの開けのきざしと伝えよう
地《つち》とて穢土《えど》強く吐き出し気大きな波。神裁きもなし
日巫子ら声掛け大事よ。多くほどけるゆえ

ふたとせ後《のち》、物産《ものう》みの働きは空を伝い波に知らすよ
さりとて人欺ける道具と成れるは危き行方に進める
器は、おなごゆえ大事な御用なれど難しくも有るよ
二つの魂の顔の裏判らぬは、いまだ動かれぬのう

神言

寛保2年　卯の刻

分かれ集《つど》いのまとめ　多くあれど　元は元
元同じくも違い有り。まとめの者　八分方落第じゃ
舞乗理の　ことわりも元ゆえに　変わりはならん
神の御用とて数有れど、お前達に　やりてくれよと
み柱立てるは、二つぎの仕組みとして参らせる整いにての事
現世《うつしよ》・次《つ》ぐ世　つなぎて　元の仕組み　根付かせよ

信者と申して集いのまとめ大きなる道へは示されて居らぬ
真《まこと》を集え。反《そ》りて引き寄せの魂も導き怠らぬば気付くよ
霊継《ひつ》ぎの元親神　五の意を乗り乗らせ　置かれ　集われる
再びの示しゆえ、我《が》折りて　おのれのお役
素直に三つぎの仕組みに進む事じゃ。落第は許されぬよ
後《のち》も御神氣通せる霊智標《みちしるべ》立たなくば
神々のお働きも賜れぬ道理じゃ
五《い》で動かし　器持たすは霊継ぎに関われる魂ゆえ
三つぎの御用への神はからいに有る
その魂霊　たまやに帰するも　大先の乗理（法）より外れ禁物よ
神の分け魂戴き有るゆえ、穢土に霊智《みち》　元開《あ》かすは真《まこと》の御用
意《こころ》配り大事よ
この働き、落第せねば次ぐ世に動かされると示されておる
次ぐ世、神まつりドンデンゆえ鍛え多く試されるが良いか

外れるも戻るも三つの霊徳《ひとく》をつなぎて後《のち》　真《まこと》　神写《かみうつ》（移）れしかな

神示は、人々にお伝えしなければならない内容として、夜中であれ、早朝であれ、容赦なく降ろされるときがあります。それが重なりますと、さすがに寝不足で体も安定しません。でも、読者の方々の励ましやお問い合わせが何よりの幸せに思います。

今回記させていただきましたのは、入門編として、ほんの一部のみとなりますが、少しでも折を見て、本に入れてゆこうと思っております。お伝えさせていただく重要な時期に入っておりますため……。（慎みて）

第5章

古儀・神儀舞《かむふりまい》

日と月をカミ合わす中継ぎ役

神儀舞は太古〜自然界に於いて中継ぎを行うシャーマンの式舞であります。音霊・法霊《のりたま》・言霊・ふり霊・数霊・方位をカミ合わすという、日の巫子が奉仕する舞です。

大元から社《やしろ》という、四角い90度の角度と辺の域を持たない舞です。

一番古い舞の基本は、縦の真中心であるアマハラに向かい、㊐の役割同志であるシャーマン3人の巫子がお繋ぎするのです。

天の川銀河を通して、太陽系の人の域までのシステムを神写《かみうつし》され、人の世界から神写《かんしゃ》で人の意識をお戻しする。これが、中継ぎ役であります。

・調和
・完成

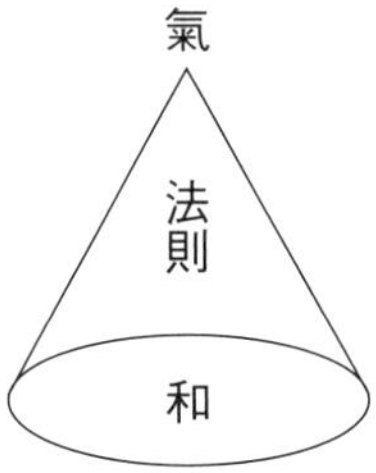

不二山の如く、神儀舞の3要素は「氣」「法則」「和」です。

キヨメには光を振る「氣与め手」と岩戸笛

日の役割を担う巫子は、自然界に於いて奉仕の前に、必ず「氣与め手」と岩戸笛を行ってから舞に入ります。

もちろん、舞を通して「氣与め」と「みしるし」を行う内容もあります。

各地での行場を氣与めて回る。これもシャーマンの役割りの一つ

第3脳室の光を通して氣与まることで
・氣与め
・浄め
・清め

ナカキヨノ

＋（役割りのバランス）の不調和（不平等・不和）から

トオノネフリノ

地球人類を和合（想いやり）へと　目覚めさせる
←（差取らせる）

ミナメサメ

再生システムに乗らせることで

ナミノリフネノ

＋↓＋（役割りバランス）へと差取らせてゆく輪廻の原理

オトノヨキカナ

> 右の言霊は、宇宙の故郷から地球人類へ
> 役割り輪廻の法則（システム）を先祖神より
> 伝えられているのです。
> 始めからでも終わりからでも出発は同じです。

言霊（まわりうた）

ナカキヨノ　第3脳室の(光)を通して氣与ま「氣与め・浄め・清め」ることで

トオノネフリノ　十「役割りのバランス」の不調和「不平等・不和」）から

ミナメサメ　地球人類を和合「想いやり」へと目覚めさせる「差取らせる」

ナミノリフネノ　再生システムに乗らせることで

オトノヨキカナ　十↓十（役割りバランス）へと差取らせてゆく輪廻の原理

※右の言霊は、宇宙の故郷から地球人類へ役割り輪廻の法則（システム）を先祖神より伝えられているのです。初めから読んでも、終わりから読んでも出発は同じです。

平安期に降ろされた「まわりうた」の舞いもあります。

頭からでも、最後から逆に戻って来ても、出発はみごとに同じです。

人の輪廻と片寄りのないシステムが歌われています。決して御利益を意味するものではありません。勝手な解釈で、軽んじるほど内容の薄い歌ではありません。

「タマヤメ舞」の中より〝ヒヒキ〟という舞もあります。音霊は岩戸笛。ヒレを振り、祓いを行います。

第6章

Q&A①
見えない世界のカミ仕組み

意識・魂霊《たまひ》の仕組みと働き

読者の方々の質問に答えるという形で、「見えない世界の仕組み」をQ&Aの形式でできるだけわかりやすくお伝えしたいと思います。目に見える世界の背景を知ることで、現実世界の姿も私たち自身のことも本当のことが深く理解できるようになるでしょう。

Q1　意識とは何ですか？

医学界では、臨死状態で意識がなくなると言われていますが、本当のところ、それは脳のどの辺りになるのですか？　意識というものが実在するならば、医学用語で答えてくれますか？　どうしても見えない世界なので納得できません。（神奈川県M・Yさん・医学部1年・男性）

A1　現在の人類の次元、物質的な価値に依存した科学のレベルから見ますと、「意識」というのはとらえにくい事柄です。

しかし、脳の医学とは深い関係のあることは確かですね。実際に、医者としての立場で意識と脳の関わりを研究している先生も少なからずおられます。

意識とは、まず感情や想いといったいわゆる「意」の意味で、人同士の交流を持てること。相手の想いや感情を「識《し》」ることができるということです。

つまり、目に見えなくとも意識の交流がなされるようにするため、脳医学用語でも説明できるある場所に、意識の作用する場というものは正しく入れ込まれております。

たとえば、空気や電波は肉眼では見えなくても確かに存在し、役割を果たしているように、意識も目には見えませんが、人同士の生活で意思疎通や交流という働きを担っているわけです。それは、意識を持った人という存在が、物質だけの存在であるロボットとは異なるという証にもなります。

さて、交流のための意識エネルギーそのものが入れられる場所というのは、医学上で「間脳」。脳の専門用語で言いますと、「下垂体」と称される間脳内のやや前方下部と、後部のやや上に「松果体」と呼ばれている2ヵ所。

その2ヵ所に意識は入れ込まれ、交流がなされる準備が整ったならば人として完成され、いよいよ誕生ということになるのです。

もう少し、脳についてご説明しますと、脳という器官は月《にくづき》が付くように、生命体であることは間違いなく、主に記憶や運動神経などを司っています。

そして、「間脳」とも称される第3脳室。松果体からは内分泌、下垂体は脊椎神経系の連接部としての働きがあります。

相反の働きの二部位によって意識を保っています。

また、松果体は光で影響される分泌部のため、脊椎を有する鳥類たちは光の影響を受けて、ほぼ正確に生物時計としての働きを持つと、タマヤの神示

頭蓋断面

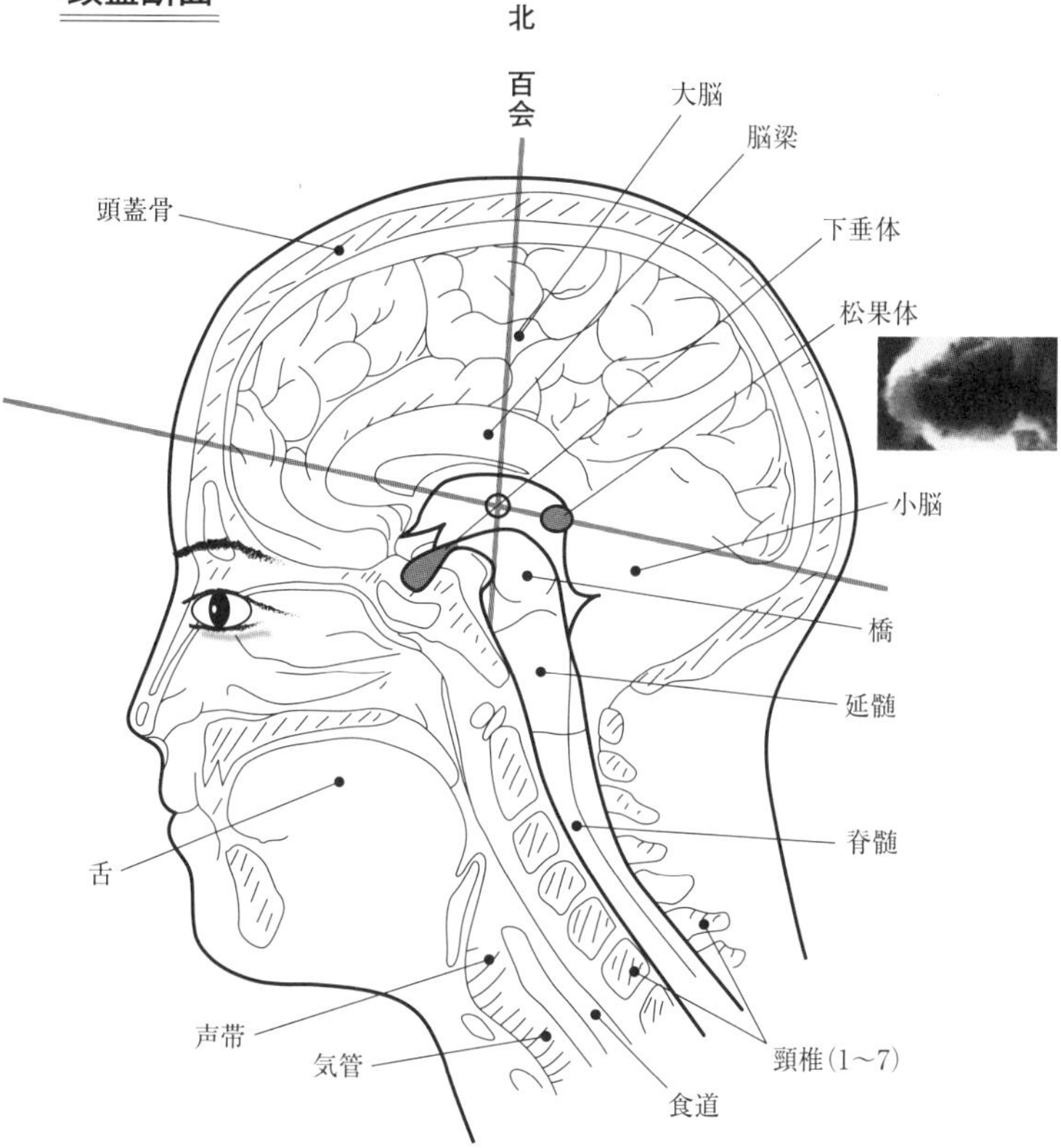

頸　椎（第６頸椎、上から６番目）
（第１～７）

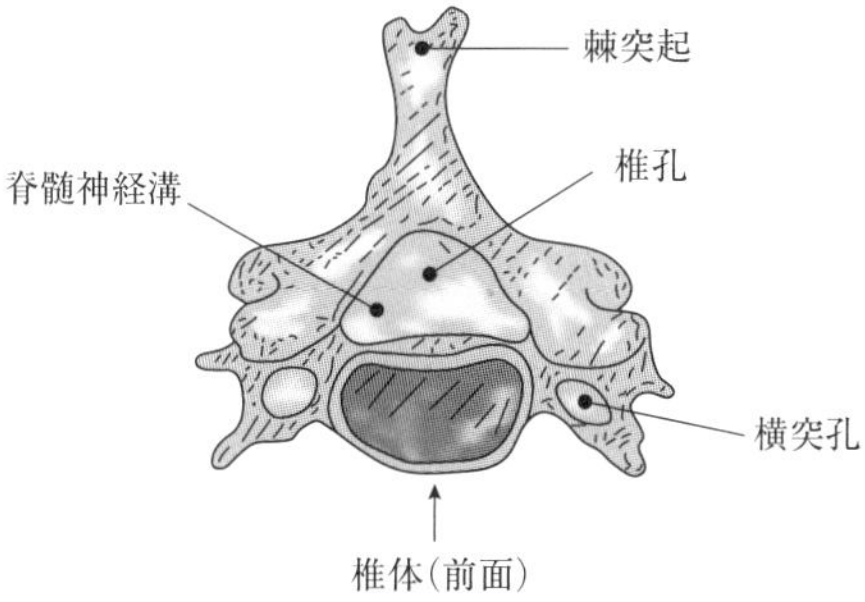

111 大元の元素
(*111*)

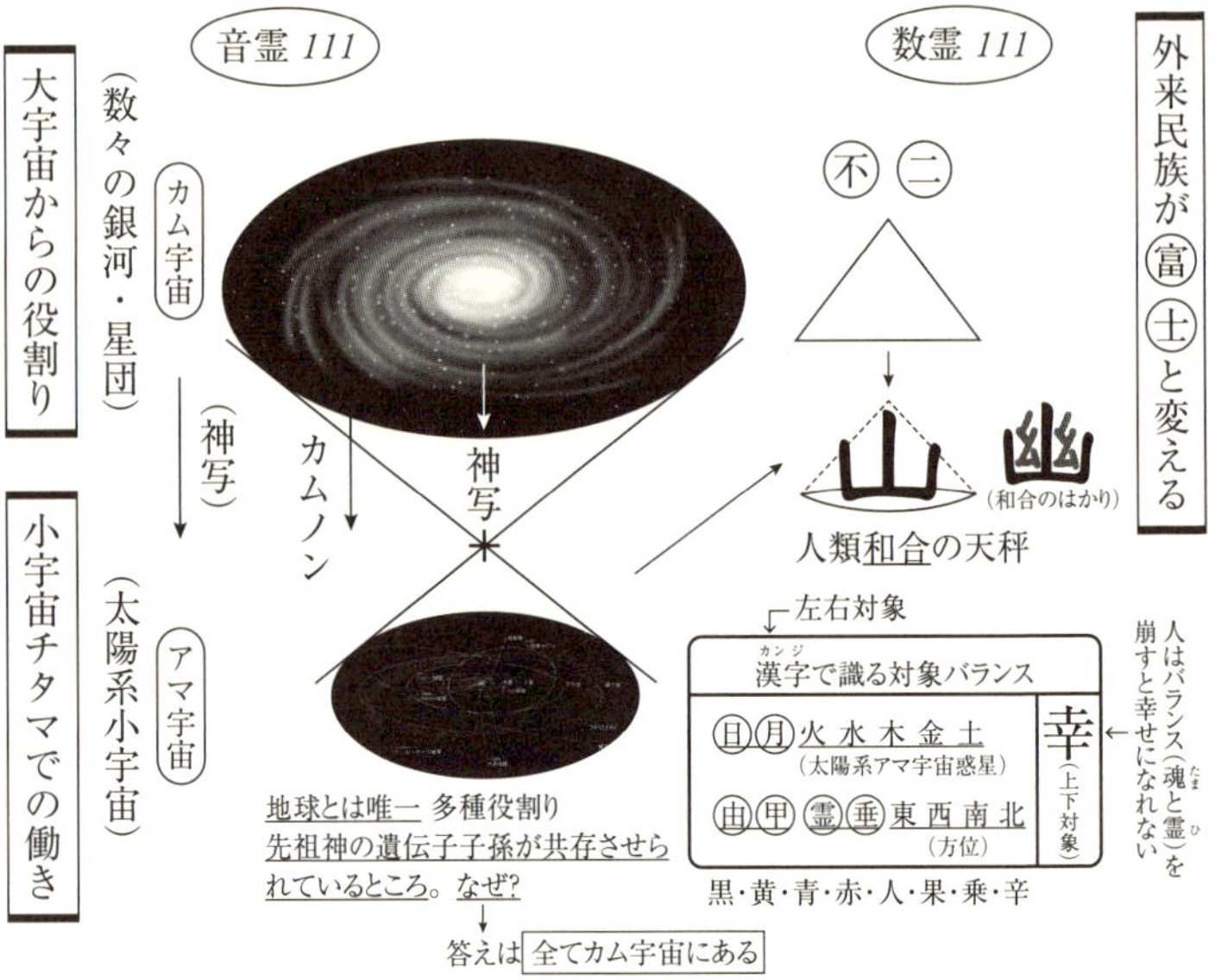

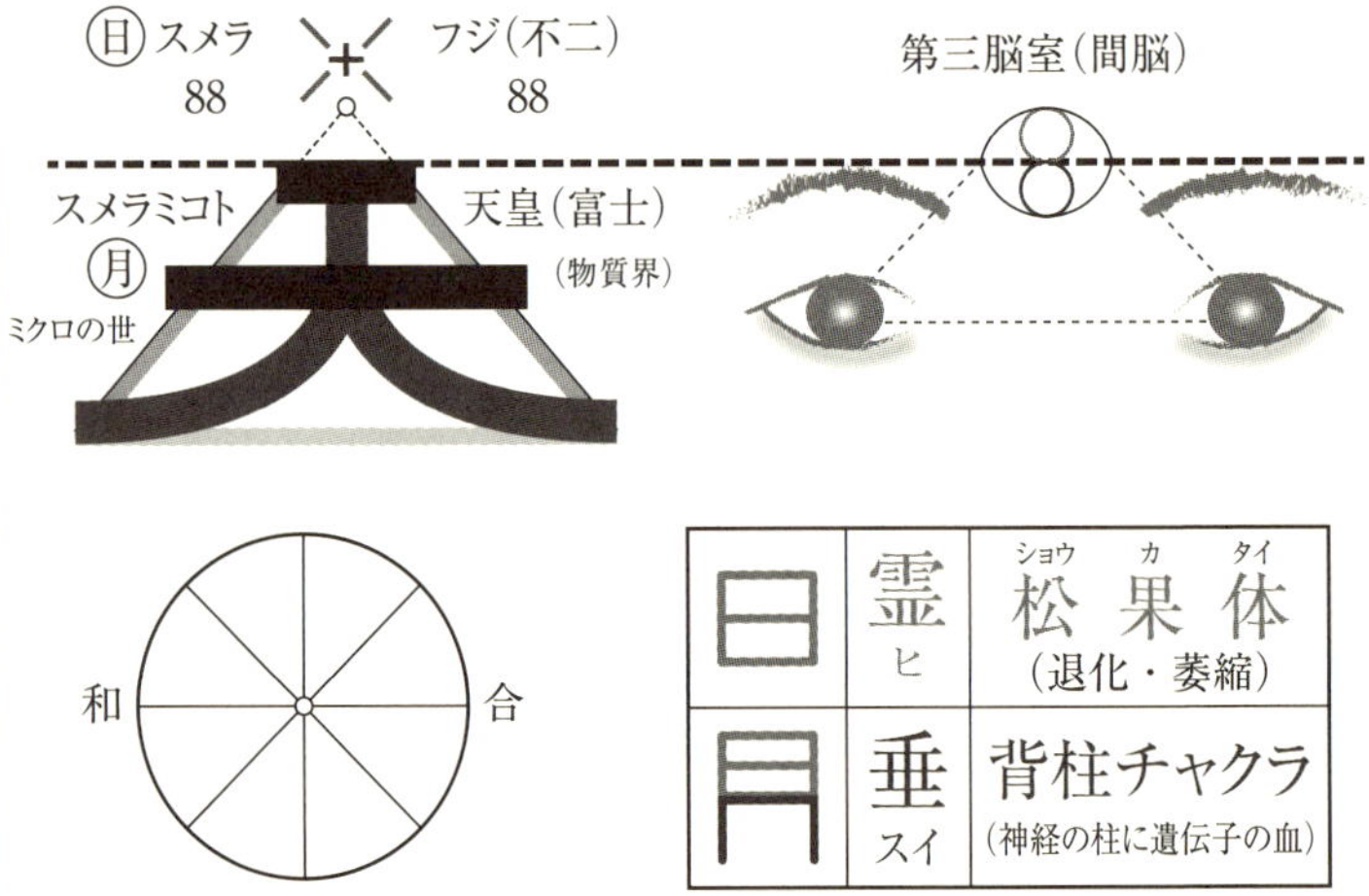

日	霊 ヒ	松《ショウ》果《カ》体《タイ》 （退化・萎縮）
月	垂 スイ	背柱チャクラ （神経の柱に遺伝子の血）

や文献に示されています。

このように、人の完成を見るまでには、宇宙に超高度な専門分野のエキスパート（遺伝子・核・分子の相互作用など）としての存在があり、それがじつは生命誕生に関わる〝親神〟なのです。

生命と意識の相互作用を大元からカミ合わせられ、生み出されたからこそ「カミ」と申します。

地球は、アマ宇宙銀河のもっとも端に存在し、太陽と月の配置をいただいていますが、その小さな地球に生命を与えられた人が大元の親を忘れないために、あえて親をカミ（神）と示されたわけです。

そして、生命体としての脳だけでは想いや感情も伝わらないため、意味を持って意識が与えられ、入れ込まれました。意は行のため、識は人の世界での貢献役割であります。

このように生命体と意識の相互の働きでカミ合わせられ、ヒトとして完成されたのです。

人が死を迎えるときには生命体の働きが終わるので、肉体の中では感情・想いの意識も用が終わります。しかし、肉体から意識がホドケて仏となっても、大元は星団の意識体ですから、意識は永遠に宇宙に存在しているのですよ。

交流の意味で松果体と下垂体に入れられていた意識は、脳死のとき自然にすーっと抜け出ていくことになります。つまり、肉体の間脳にカミ合わせて入れ込まれた意識は脳死によってほどかれ、抜け出てしまいます。この状態を、医学でも「意識がない」「意識を失う」と言います。わかりやすい言い方ですね。

そして、ほどけて出てゆくから「仏《ほとけ》」と教えられています。

まれに脳の復活が起こることもあります。そのときは再びすーっと意識が戻ります。これを医学界でも「意識が戻りました」と言い、生命体も息を吹き返して「めでたし」ということになります。

生命体と意識交流の相互作用によって人が完成されたという原理が、これで少しはおわかりになられたでしょうか。生命と意識のどちらが欠けても人としては成り立たないということですね。

私は、見えない世界の領域まで見通し、人が人としてのミチを歩む智恵をお伝えしています。多くの問題は現象の背景を知ることが根本解決につながります。Ｑ１の青年の質問にも現代社会の大きな問題点が見えてきます。

意識の乱れが世の中の乱れの原因となり、世の中の乱れが意識をますます混乱させています。見える世界から見えない世界へ。そして見えない世界から見える世界へ。その深さを知って、自らを輝かせていく智恵を身につけてください。

Ｑ２　見えない世界についてわかりやすく説明してください。

見えない世界について宗教では霊魂とか魂といい、オカルトでは祟りとか妖怪、お化けなどといろいろな言い方をしてわかりにくいです。また、宗教とかオカルトの違いとかを教えてください。それに、こういう世界は何だか気持ち悪いと感じてしまうのですが……。(O・Tさん・美容師・女性・大阪市)

A2 気持ちが悪いと感じるのは、恐怖と興味本位を主体にした内容で人を引き付けて、儲けを企もうとするようなオカルト界の印象がそうさせるのでしょう。

あなたには魂霊《たまひ》(意識)そのものから、次元の低い魑魅魍魎《ちみもうりょう》や妖怪の類がまったく相容れないのでしょう。

でも、それが人としては普通なのです。

次元を人の位置から下げていくと、必ず魂霊に気の重さを感じるのが当たり前なのです。

問題は、そのために人に与えられている、目には直接見えない分野までですべてがオカルトだと観念付けてしまう人も後を絶たないことです。

オカルト的なものでも、妖怪の世界に道徳観を絡ませ、漫画的な明るさで見せるくらいなら楽しさも感じられますが、一番困るのは、人の意識（魂霊）の大元・根本の気づきの分野をまったく認識できずに、恐怖をあおりたてる方がいることです。今後もそういうことが起こらないとも限らず、その点が心配です。

それでは、答えの本筋に入ります。

私はＱⅠでは、意識と魂霊を同じ意味で示し、人に関わる感情・想いで人同士が交流を持てるということを説明しました。そして、すべて「意識」と書くことで読者の方々に混乱を招かぬよう努めました。

Ｑ2では、意識が生命体に入れ込まれて魂霊となり、抜けてほどけ出ると霊魂に換わるということをお伝えしたいと思います。

つまり、人の誕生から死に関わる内容です。

また、魂とは欲のことですが、詳しいことは別の機会にお話ししましょう。

魂と霊の仕組み

左のイラストをご覧ください。

①まず、Bで受胎します。母親とへその緒を通してBの位置に腹の魂（初発の欲）がつながります。初発の欲とは、生命体を維持する最低限の欲。つまり、お乳をいただく欲のことです。

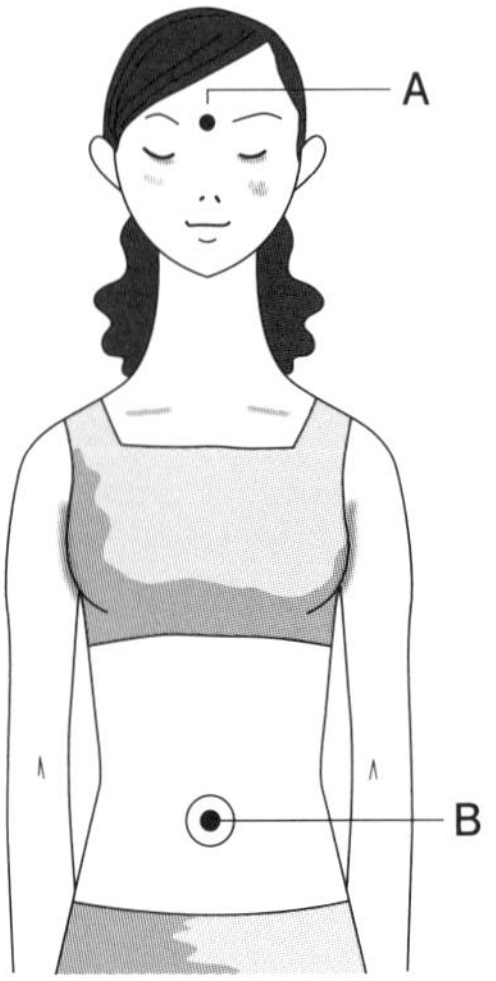

②産道を通り誕生する以前に、胎児のA（脳下垂体〜松果体）に交流の働きをする意識が入り、それを「魂霊」と称します。意識が入ると同時にAとBが肉体チャクラでつながります。

③老齢などによって生命体が維持できず、臨死＝脳死に至ったと同時にAから完全に「魂霊」がほどけ出て仏となります。
④仏となると、「魂霊」はまだ肉体を持っていたときの想いがあるうちは、「霊魂」と称します。念や肉体に対する執着そのものを取ると魂は消えて、霊はふるさとへ戻ります。
霊、魂と欲と念のことなどにつきましては、また別の機会に説明したいと思います。


以上が、魂と霊の仕組みです。これらの内容は宗教ではなく、事実です。人は元々ある霊籍《ひせき》のふるさとから生命体＝肉体をもらって誕生し、地球上で生活したのち、また霊籍のあるふるさとへ帰るのです。

一度でも地球で生命体を持つと、意識は「魂霊」と言われます。

まず、魂という一番小さな欲を与えられます。

その直後に、意識が脳下垂体と松果体に入れられ誕生する仕組みになっています。

入れ込まれるには必ずふるさとから「霊《ひ》の界《かい》」を通り、北（氣多）方位から入って来ます。そのため、地上で生命体からほどけ出て亡くなった人は北枕で寝かせることになっています。来たミチからふるさとの霊籍まで帰りやすくするためなのです。

つまり、霊の界を通り、下垂体と松果体の二つの部位へ入れられるため、意識も賜った霊ではあるのですが、肉体を持つと魂のほうがわずかに早く魂につなぐ魂霊となるのです。

昔の人は、おおよそ「魂」と申していたようですが、魂と霊は区別されるものです。

霊はあくまでも意識と同じく、下垂体と松果体の二つの部位へを通して心の交流も感情も司ります。

また、松果体（意）は魂から吹き上がる欲を少しずつセーブさせる働きも持っています。その働きは松果体とも言われる部分に関係しています。

昔の人々に比べると、現代人は正直なところ、欲のセーブが弱い人が多いようです。肉体から魂霊が抜けるとき、欲や想いを少しでも軽くしておきたいものです。それは、肉体がなく霊が主体となっても早めに魂の念や想いを取ってしまわなければ、いつまでも「霊魂《れいこん》」のままの存在となってしまうからです。念や執着が取れて順調に霊の界を通り、ふるさとの霊籍へ戻れることを祈ります。

このように魂霊は肉体を持ち、肉体（生命体）がいらない状態になると、また、ふるさとへ戻るという繰り返しなのです。これは事実ですから、このように文書で難しそうに伝えなくても、皆さんの魂霊も自ずとまた霊籍へ戻ることになっています。

最後に、これだけは申しておきたいと思います。意識の働きをする霊のセーブ力が弱く、欲とのバランスが狂ってしまったままでは大きな問題です。その点のチェックと反省は今の現代においての重要な課題です。

各所で「タマヤ古事文」の内容伝えセミナー、相談（質問）に応える筆者

第7章

Q&A②
「三千世界」の意味と人の通るミチ

Q1　恐ろしい夢ばかり見て不安になります。どうすればいいでしょうか。

最近、なぜか同じような夢を見てしまいます。街を歩いている人たちが急に武器を持って私に襲ってきます。自分も拳銃で応戦し、10人くらい殺すと必ず自分も殺され、血を見たとたんに目が覚めます。夢占いは当たると聞くので不安になります。パソコンのゲームのようにゲームオーバーしたいのですが、どうすればいいでしょう。（千葉県・学生・18歳）

A1　内容から見て、正直なところ緊急の対処が必要です。

カラーで見る夢は警告を示唆する内容が一番多いのですが、脳波に乱れを生ずる記憶回路が夢を見せるという要因もあるので注意が必要です。

ズバリお答えいたします。

まず、一番の原因はパソコンを使ったゲームにのめり込んでいることです。

小学校から塾と入試戦争に追われ、「同級生も敵」というような状況が意識にストレスを生み、その解消にと続けてきたゲームのようですが、ここ10年ほどの間に競い合いの意識をあたかも助長させるがごとく、戦いや争いといった殺し合うゲーム内容がいかに多いことでしょう。

その点については各方面からも警告が発せられていますが、戦いのゲームは人の脳波に乱れを生じやすく、それが視床神経とゲームを通しての記憶回路にからみ合い、夢の中でも戦い続けるまでになり始めます。

電子機器やゲーム機というものはのめり込みやすく、特に若い人の間では、それを利用しなければ（できなければ）「まともではない」「（時代に）ついていけない」といった風潮があり、ゲーム戦争を通じて「（相手を）やっつけてやる」等々の声も聞かれるようです。

にもかかわらず、こういうものを利用する人口がこれだけ増えて、大きな問題が生じていることにまったく気が付かない方がほとんどのようです。

あなたのように夢に不安を感じているうちならいくらでも対処できるので、思い切ってゲームを休止し、自然の中に家族なり友達なりと身を置く期間を作っていだだきたいですね。自然に触れると、自分が自然に生かされてきたことが感じられ、気持ちが落ちつき、安らぎます。

自然の偉大さにそっぽを向けた、人間界だけが取り決めた世界で戦いと争いに明け暮れていると、本当にゲームと同じような人生で終わってしまいかねません。夢を警告と受けとめ、見直しの最良の機会を逃さないことです。

はっきり申し上げます。このまま気づかずにいると、ゲームと現実が重なっていきやすくなります。そうなっては、あなた自身が大変です。それほど戦いばかりのゲームには脳波を乱す魔性が眠っていると思ってください。それが目覚めないうちに、明るい健全なゲームに変えるのも一つの方法かもしれませんので、実行してみてください。そうすれば、その後は少しずつ戦いの夢も見なくなるでしょう。自ら改善の努力もしなくてゲームオーバーは難しいでしょうね。

ゲーム業界に高い金額を貢がされ、利用され続けたあげくに脳波に乱れを受けたのでは、まったく踏んだり蹴ったりですね。脳はいつまでも健全でいてほしいものです。電気の無駄使いという点でもゲーム業界はベスト２に入っています。

現代の環境問題に取り組める年代としても、もっとも頼もしく期待される人生の時期、ゲームにのめり込めるほどのバイタリティーや若さは、科学・技術・医療等とさまざまな分野で必要とされています。人材のエキスパートが求められているのです。しかし、それに応えられる若者が不足しているのが現状です。これからの若い人たちには、この点を理解して、将来を見据えた活動をしてほしいと心から希望しています。

Ｑ２　憑依現象は本当にあるのですか。

祖父が亡くなってから5年後に、祖母が追うようにして亡くなり、２年の歳月が流れた頃、家族で行った青森の温泉旅行のついでに「いたこさん」に祖母の霊降ろしを頼みました。

その後、急に母の様相が変わり、祖母が母に憑依したとしか思えないような現象が出始めました。半信半疑でしたが、父の知り合いの霊能者に見てもらってお祓いを受けたところ、母も少し治まり、食欲も出てきたので安心しています。

このようなことは信じられないのですが、霊が憑くということは本当にあり得るものなのでしょうか。（東京都・ＯＬ・36歳）

A2 あり得ます。それにしても、ご家族で大変なことをしてしまいましたね。霊の界には「幽界」という、肉体を有していた時期の執着を取る大事なところがあります。幽界にいる間に家族の勝手で呼び降ろすという行為が、幽界での行《ぎょう》を脱けさせる罪となることを知らなかったとは申せ、その罪で行が長びく可能性が大です。この点をはっきりと理解しておいてください。

おばあ様が懐かしさのあまり、お母様に憑いてしまったことも許されるものではないのです。それから大変申し上げにくいのですが、おばあ様はお母様の中に今もって憑いておられ、お母様の体を通して食事の気をいただいておられます。

また、お父様には誠に申し訳ございませんが、その自称霊能者の方には霊祓いのお許しは与えられておりません。霊の界の法則を破った罪を霊に悟らせ、霊の界へ戻せる役割は神能者からで、霊の界を司る神々から許された者と限られております。ただし、憑依した霊魂自ら反省し、許しを受けたならば自然に抜けて幽界へ戻ることも許されることもあります。

現状では、おばあ様も肉体界での古巣へ逆戻りされ、居心地がよろしいのでしょうか。正直、このままでは後々が厳しくなってしまいますので、今のうちに少しでも執着を取ってあげることです。執着を取る場合は、家族の執着も取ることが条件に入ります。

おそらくお母様は、現在、腰痛で悩んでおられるはずです。このまま放っておきますと、おばあ様と同じく腎臓を悪くしますから急がれたほうがよいですね。

また、霊は一度でも身内の肉体に憑いた経験を持ちますと、幽界に戻っても、行の過程で食事の気をいただきたくなって、また肉体に憑依することもありますので、この点も注意が必要です。

現代、肉体を持つ子孫たちに、なぜか幽界からいまだに霊籍の故郷へ昇れず、救いを求めて来る身内霊も少なからずいます。幽界そのものが念のたまった霊魂で満杯状態であるとまで訴えて来ているのです。訴えてくる手段でもっとも多いのは「胃がん」「体半分左側のケガ」「首から上の異常やケガ」等々、このような症状で知らせてくることが多いのです。

Q3　肉食はよくないと聞きますが、本当ですか？（千葉県・主婦・79歳）

A3　人には哺乳生物の証となる臍《へそ》をいただいています。初めから人の姿（素像）で生まれているからこそ、同じく哺乳動物（四ツ足）は共喰いしてはならぬという示しも昔から降ろされています。

哺乳動物は、人ほどの繊細な意識までは訳あって与えられてはいなくとも、おおよその感情は入れ込まれています。植物とは違い、人のために殺される瞬間涙を流し、必死に抵抗します。その時の悲しみに加え、怒りの念が体中に充満します。肉大好きな人間はその肉や内臓までもむさぼり食べて満足感に浸っているのです。

念が充満した肉を多く食べることによって、頭に血が昇りやすく、プチッと感情が切れやすくなります。また、最近問題になっているメタボリック症になる割合も高くなるのです。

他人事ではなく、人間であれ、動物であれ、感情を持つ生命体から発する怨みの念がいかに強い毒性を持つか。それを実際に研究した科学者がおり、怒り狂った動物の体液をほんの少量マウスに与えただけで即死するほどの猛毒が検出されたとのことです。

でも、生命体で貢献する役もありますので、そういったことをよく考慮して、肉食を続けるかどうかはご本人で判断してください。

私が何を申したいか、おわかりでしょうか。食べるなと言っているわけではありませんが、お肉類をいただくときは、「人間のために栄養となってくれてありがとう。あなたの役割に感謝していただきます」と心で祈って召し上がってください。

Q4　童謡「通りゃんせ」の本当の意味を教えてください。

小さい頃によく唄った「通りゃんせ」という童謡を、今でもときどき思い出しています。もしかしたら何か大切な意味が含まれているのでしょうか？

（千葉県・自営業・45歳）

♪通りゃんせ　通りゃんせ
ここはどこの細道じゃ
天神様の細道じゃ

ちょっと通して下しゃんせ
御用のない者通しゃせぬ
この子の七つのお祝いに
お札を納めに参ります
行きはよいよい　帰りはこわい
こわいながらも通りゃんせ　通りゃんせ

A4　「通りゃんせ」には、「霊の界」（※）のシステムが唄われています。

これはどういうことかと申しますと、肉体を持った人間界は、嫌悪な意識（感情）交流を持つことで、お互い毒性の強い念を飛ばし合いやすく、その結果、己の念と相手から受けた念が魂霊にこびり付いてしまいます。

人がいよいよ肉体を脱ぎ、魂霊が肉体からホドケ出て大元である霊の世界《ふるさと》へ戻るにしても、執着や念がこびり付いたままの魂（こん・たま）が取り切れないうちは、幽界へ立ち寄ってからでなければ霊へ戻れません。このシステムを判りやすく「霊の界」とお伝えいただいております。

これが人の通りミチになり、ふるさとへ戻るまでの段階です。理解しやすいように考えるならば、人の大元である「ふるさと」へたどり着くには、この階段のミチを通らなければ着けませんよということです。じつは、このシステムが「通りゃんせ」という唄で教えられているものなのです。

人はおおよその念を取り、ふるさとへ帰りますが、再び0《ゼロ》（霊）から出発して、霊の界から新しい肉体の親の元に誕生してゆきます（生誕から死については第6章Q1、Q2。174ページ以降からで説明いたしました）。

人生の出発点では、さほど念はないので楽であっても、肉体を有すると欲やさまざまな念が付き、順調にふるさとへ戻りづらくなります。念が重たいと階段を昇るのも休みの時間を取りながら……ということですね。

霊魂（霊と魂）の意味を深く智《し》ると、三界への霊智《みち》（※）はスムーズに通りやすくなります。

「人の通りミチ」について

せっかくですので、「人の通りミチ」について、もう少し解説いたしましょう。

人は、肉体を持って産まれると自分で行動を起こしますが、その力を得るために食べる手段が必要になります。一番初めに生命体を造られた親は臍から「魂《たま》」という「欲」を入れ込んだのですが、「欲」は助長させると「念」となり、たまりやすくなるのです。

「魂」は「入れる」→「たまる」の意味を持ち、「念」でため過ぎていくと、魂《こん》に変わり、だんだん「困」の意味が加わり、行き過ぎ→こまる→悩む→苦しむ等の重いものをためる人間となります。

その結果、肉体を脱ぐと「魂《こん》」を取るまで「霊魂《れいこん》」と言われ、幽界へお邪魔することとなるのです。

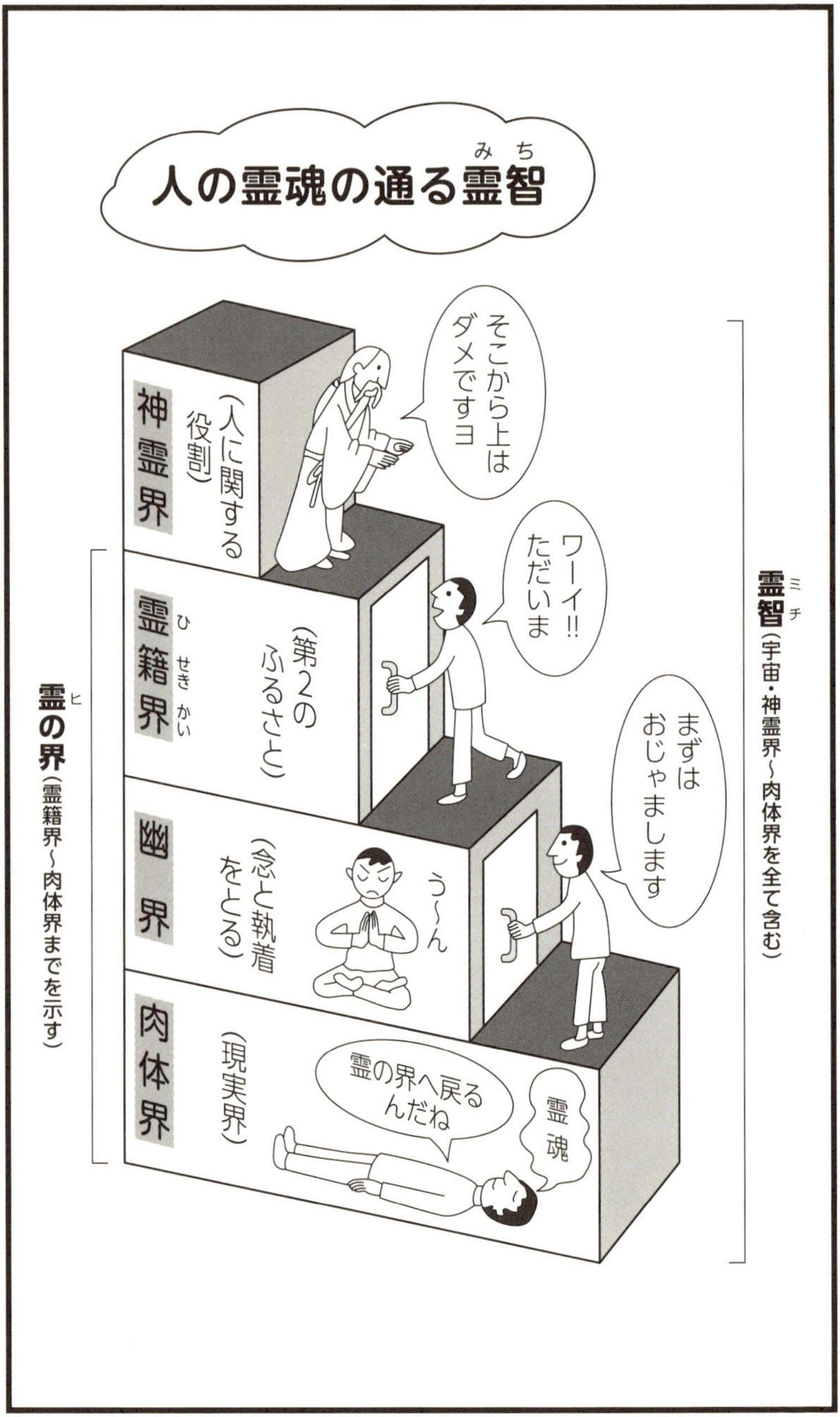

人の霊魂の通る霊智《みち》
神霊界
（人に関する役割）
そこから上はダメですヨ
霊籍界《ひせきかい》
（第2のふるさと）
ワーイ!!ただいま
幽界
（念と執着をとる）
う〜ん
まずはおじゃまします
肉体界
（現実界）
霊の界へ戻るんだね
霊魂
霊智《ミチ》（宇宙・神霊界〜肉体界を全て含む）
霊《ヒ》の界（霊籍界〜肉体界までを示す）

　おおよそ取れて軽くなると「魂」は消え、霊《ひ》の界の第3段へスーッと昇ることができ、「霊《れい》」＝0に戻り、第2のふるさとの霊籍《ひせき》でまた長い年月を過ごすのです。それが霊界と称されるものです。

　霊籍・霊界は、いわゆるふるさとであって、陰湿な世界ではありません。皆さんが暗く苦しそうなイメージを持ち、いつまでも切り替えないのであれば、それは宗教感にそういうイメージがあるか、またはその方の魂霊の想念によるか、もしくはその方のご先祖（身内）が現時点でも幽界での行をなされているか、この三つのいずれかに関わっているかもしれません。

　人が通る霊の界は次の界。ふるさとへ戻る場合は、肉体界（現実界）↓幽界↓霊界（霊籍界）へ昇ります。イラストのように界はこの三界に由来しており、界という文字は霊魂から霊まで三界通すことを意味しています。この三界は、三千《みち》と示され宇宙の元親がタテにつなげた三界の頂点に元親神がつながっていることを伝えてくださっています。

「三千世界」という言葉を聞いた方もおられるでしょう。このミチを智ることは、人として当然のことであり、幽界から肉体界に再生しなければならなかった魂霊の方々は、その上の霊界までのシステムを十分勉強していただきたいのです。それで、今度こそ順調に念が取れ、三界通してふるさとへ戻られることを祈っています。

本来はふるさと（霊界）から霊の界→肉体界に誕生するときは、霊から霊《ひ》と申し、肉体を持つ人同士の交流感情の働きを持ち、調和・和合を司る霊《ひ》を頭部松果体のあたりに与えられます。これでまた魂霊《たまひ》となります。

最後に一言

私ども日巫子の役割は、この三界（三千・ミチ）を伝え、少しでも順調にふるさとへ戻られるためのしるべとなることです。そのためにも、声を枯らしてでもお伝えしてゆくつもりです。皆さんも魂霊に記憶していかれますよう、お願い申し上げます。

※霊智《みち》（宇宙・神霊界～肉体界をすべて含む）
※霊《ひ》の界（霊籍界～肉体界までを示す）

5 人類のふるさとは大宇宙、意図する星にある

「人の意識体は宇宙のかなたに存在する星々からやって来た」と言ったら、驚かれる方も多いでしょう。私たち人類は宇宙に存在する「地球」と称される星の住人ですが、その本質は宇宙のかなたに存在する星々から来たものなのです。

ここでは、宇宙の中で生かされる人類の存在意義と役割についてお話ししましょう。

Q5 UFOを見たのは錯覚でしょうか？

今までほぼ同じ県内で2度UFOらしきものを見ました。1度目は少し水平に動いているうち、急に1メートル以上スッと下がり、左からUターンしかたと思うと、ものすごい速さで飛び去り、消える瞬間にメタリックのように光ったのを憶えています。

2度目は多少遠めでしたが、あたかも挑発するかのようにジグザグに動いて、また消えました。

1度目のときは知人と一緒でしたが、知人は「何も見えない」と言い、私のことを呆れていました。あとでそれが原因なのか、その知人から「気持ち悪いやつ」と陰口をたたかれました。ですから2度目のことは誰にも言っていません。なぜ、知人には見えないのでしょう。私の目の錯覚でしょうか？

（長野県・事務員・36歳）

Ａ５　陰口を言われたのでは、あなたも悲しいことと思いますが、知人も悪意ではなく、確かに見えなかったはずです。逆にあなたは、本当に見えていたはず。いいえ、正確にはあえて見せていただいたと申したほうがよいでしょう。

それは、あなたが、あなたの意識（地球上の肉体に入れられる霊のこと）と、ご出身のふるさとの星をつなぐ運航機だからです。ですから、出てきた星が違うと、それぞれ役割意識も違いますので、当然、肉体を有する次元の目では同じ場所から同時に見ても、見える人と見えない人が出てくるということです。

ただ、ここで一言申し上げたいことは、本来、見せる理由がなければ、むやみやたらと見えるものではありません。今の時期になぜ、あえて知らせようとしたのかを感じ取る必要があるのではないでしょうか。

ふるさとの星々はさまざまな役割意識がまとまっている共同体であり、たとえば、ケア（癒し）の意識の星、芸術、遺伝子操作、科学や化学の星、また、言霊・数霊やひとつの内容を枝葉を繁らせるごとく広げたり拡大（増やす）したりと、宇宙内の調整や防衛、物質の完成や匠の技術の星等々、その分野のエキスパートが多く、今の人類界のような問題多発の行き詰まりの次元では、ほとんど理解できないほど高度な意識を持つふるさと星です。

ですから、地球や人類のこれからを心配して、巡回のためにふるさとから飛来しておられるように感じております。少しでも早く第2の霊籍より大元のふるさとへ戻られる意識となることを祈りたいと思います。

Q6　自分のふるさとの星に行ってみたいのですが……。

中学生のときから天体に興味があり、プラネタリウムで星を見ていると、自分に何か関係していると感じる星があり、一度行ってみたくて仕方ありません。2年前に藤原先生が教えてくれた「フレィア星団」と関係していると思います。夢でもいいから行ってみたいです。もしかしたら、その星に住ん

でいたような気がいたします。（以下略）（大阪府・金融業・48歳）

Ａ６　関わっていたことは違いありません。しかしながら、そこがあなたのふるさと星ではありません。大きな役割意識の違いもあり、そのために宇宙内では幾度も争いやテロ、星の奪い合いまで起こっております。

大宇宙は、意識＋（※）を元に、星々や位置づけをも計画されており、それらの創造完成は宇宙エネルギーをカミ合わせて働かれたお役割りでいるのです。

あなたのふるさとは、創造（物質）完成の役割意識の星です。オの名が付いている星とだけ申しておきましょう。

ちょうどよいタイミングですので、宇宙原理を図で大まかに示しましょう。

次頁のイラストをご覧ください。

これは大宇宙から人間界が完成されるまでを描いたものです。総エネルギーが放出され、それぞれの役割に適した意識を生み出し、宇宙創造に当たら

スミラとスメラの印

・天（アマ）の働きは人類のバランス（交流意識）。

・専用機と発着場所を許されている。

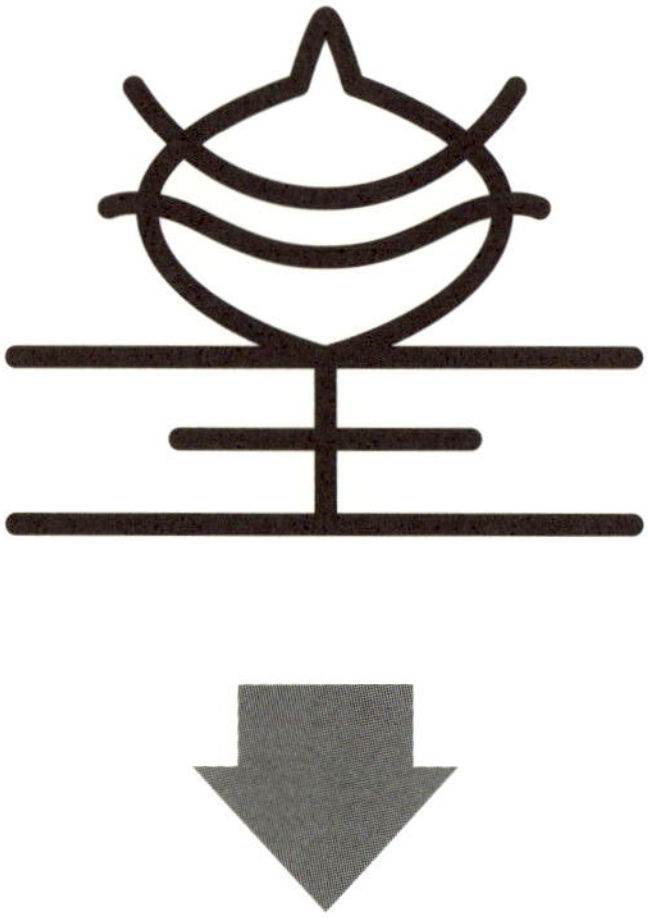

天皇の印（ミコト）

・天（アメ・テン）の働きは地上物資繁栄と国造り。

・スミラの印を取り込み、聖なる民の王の象徴とした。

皇

せます。星々が完成し、それぞれの意識が入れられます。宇宙劇場の前編です。後編は次の機会にいたしましょう。

※意識+　すべての元は陽の意識から始まっている。この陽は陰も含んでいる元のエネルギーであり、すべての創造がカガクによって始まった源である。意識+は、すべてを調和するために創造しようとした意識である。

Q7　神武天皇以外に日本でUFOに乗った人はいますか?

神武天皇が白い衣を着て、UFOから日本国に降りた一番初めの神格天皇だと祖父から教わりました。だから、古神道の人は白い衣を着て行《ぎょう》をするのですか?　今まで神武天皇以外にUFOに乗った人は日本にいますか?（埼玉県・ミュージシャン・23歳）

A7　先ほどご説明したように、ＵＦＯとは宇宙運航機のことですが、お祖父様の口からＵＦＯの言葉が出るのは驚きです。天皇＝神と洗脳教育をされた時代の方ですから致し方ないですね。

お祖父様には申し訳ないのですが、私は現世の役割上、今までの支配権力者により隠蔽《いんぺい》されてきた真実を、世の流れを感じながら、表に出すために肉体を持っております。

真実を申し上げるならば、神武天皇はＵＦＯで日本に降りたのではなく、日本の地（そのころは「ヒミ」の地）で、やりたい内容を完了するために入り込んできた民族です。スミラミコトの役割こそが本来地球上を巡回して人類の調和がとれているかの確認をすることであり、それが巡幸《じゅんこう》（運航）機※で、大元のスミラミコトだけが乗ることが許されていたのです。もちろんそのため、地上数箇所にはスミラミコト専用の発着所まで設置されていました。

わかりやすくまとめますと、人類交流調和の見張り役のため、ヒミ（後に日本）の地にスミラミコトが降ろされました。つまり、交流バランス役にのみ、専用の乗り物と発着所が許されていたのです。スミラとスメラは違うのですが、そのことは別の機会にお伝えいたします。

しかし、神武は、スメラとなった地に侵略と殺戮を繰り返し、天皇の位置づけを奪いとった人です。

白はユダヤ民族と物質創造の役割神をつなげるための、もっとも聖なる色であり白人種の聖色でもあります。先ほどの図で理解してください。

したがって、古神道の白い衣ももちろん関係があります。国家神道に対抗して古神道家が多く名乗りを上げ、少しでも古い行へ戻すべく研究をしております。

しかし、行こそが神の道と考えていても、行の大元はユダヤの神官行が強力化して日本へ流れ、修験の呪力行となっているものもほとんどがそれです。兜巾《ときん》と呼ぶ修験者のひたいに当てる黒の十二角のものも、ユダヤ十二支族

代替わりの度に少しずつ各所（地方も含めて）で、「タマヤ古事文」の内容を伝えて現在に至る。
前列右から２人目が、九十八代藤原女史

の象徴ですが、実際に日本の地に入り込んだのは十支族であり、そのようにご丁寧に兜巾にも聖なる白字が隠れています。

創造繁栄の役には不思議と勝負や優秀だというプライド・支配意識（性質）等が見え隠れしています。そして、そういう性格・性質がなければ国など造れず、経済政治等で牛耳ることも不可能なのです。

はっきり申して、今の時代、外来民族の子孫がほぼ7割、肉体を持って再生しております。当然のことながら、受験戦争や企業戦争、男女間での取り合い、家庭内暴力、環境汚染、連鎖自殺等々、取り上げるときりがありません。過去世の記憶が消されている分だけでも気持ちの重さは楽なのかもしれません。

現在、生まれてきているということは、前世の何らかの罪もあるかもしれません。

白は城。兜巾は兜。昔も今も戦いの続く人間界。もういい加減、負の要素をこれ以上生まない世界に切り替えたいですね。その気づきのための現世かもしれません。一人でも多く順調にふるさとへ戻れますように祈るばかりです。

※巡幸（運航）機　この場合に使われている巡幸の「幸」という文字は上と下の部分か同じでバランスが取れているが、そのように調和を象徴している。

Q8　不倫の恨みを解消するにはどうすればいいでしょうか？

4年前、ある男性と同棲を始めました。私も彼と結婚することを夢見ていたのですが、しばらくして奥さんがいることがわかり、彼を問い詰めたところ、妻とは離婚の話し合い中ということでした。奥さんがどうしても応じないため、彼と二人で計画を立て、ハンコを見つけて離婚届に押して、役所に提出しました。

ところが、まもなく私が乳ガンになり、彼にも見放されました。夜寝ていると、どこからか視線を感じ、苦しくて眠れません。奥さんの怨みなのでしょうか。どうしたら許してもらえるのでしょう。心から反省しています。

（神奈川県・現在通院中・31歳）


A8　このご質問は、ご本人の承諾をいただいて掲載しています。なお、この女性からは、あえて読者の皆様へと、メッセージもいただいております。

ご質問にお答えしましょう。確かに生き霊は怨む相手のところに念の重さで飛ぶことがありますが、やっかいなのは、生き霊の持ち主本人が飛ばしている自覚がないのです。

「よく行者や臍下丹田を鍛えた人たちが念を飛ばす」と聞いたことがある方もいると思います。念とは、肉体を有している今現在で溜め込んでしまう「思い・気持ち（念力）」です。

お互いの意識は映し鏡のようなものですから、念を飛ばすと、相手に受けさせた分は必ず戻ってきます。

女性が乳ガンや子宮ガンに罹るのは、前世・現代にかかわった男女間の問題が噴き出しているからなのです。不倫まで美徳視される今日ですが、それは単に当事者同士のエゴでしかありません。

人の世界ではもっとも不調和を生ずるのがエゴであり、醜い姿であると自覚されることとです。この女性の体調は波があっても徐々によくなるはずです。詫びと気づきが変化のバロメーターとなります。

最後に、この方から読者に宛てたメッセージをご紹介します。

「皆様、こんにちは。私は自分の罪を心から悔いた上で申し上げます。もし現在不倫をなさっている方がおいでならば、少し冷静になって考えてください。私の体験から言えることは、不倫はいつどのようにして人の恨みを買うことになるかわからないということです。三角関係も恨みの飛ばしあいで、祟《たたり》を受ける可能性があり、苦しみや悲しみも生まれます。私のように怨みの罪をガンで解消することにならないように、早めに気づいてください」

終章

チタマ（地球）は全人類の命の要

「タマヤフルコトフミ」は宇宙からいただいた意識とチタマ（地球）の関わりから、人類の歴史を通して記録されてきました。

人類とその造り親の細やかなシステムをはじめとして、太陽のエネルギーをいただき、まず、日神の神々から意識（賜りし）と空間のカガク（神学）のエネルギーを、肉体という器（像）は生命力と物質を司る月神から得て、カガク（神学のエネルギー）のカミ合わせで共同合作されました。ですから、どちらも親神なのです。

はじめは日神が神政をされていましたが、途中から月神たちよりの申し出のため、月神へ神政交替が成されました。

再び長き歴史が始まり、物質中心へと移行していく過程で、ヒミ（日本）の国の働きを抑え、物質中心の働きをさせるプログラムが遂行され、その歴史に乗った形で国民の精神はどんどんと争いと物質中心の歴史に翻弄され、いつしか日の親である神々へ大変な無礼を働きだしたのです。

しかし、物質界の行き過ぎのプログラムは、チタマを地球にした問題点のみならず、日神を執拗に封じ込め、人としてのバランスを狂わせてしまった要因から、とうとう日神へのシステム交替が宇宙連合でも決定されております。

一方、物質神の中で、とりわけ抵抗し、あがく存在の働きがあり、最後まで人類に欲を出させ、念で魂霊を開かせまいと根を付けています。でも、日神への交替準備が着々と進められると、さまざまな現象がいやおうなしに起こり始めるでしょう。

つまり、欲で隠した内容はポコポコと臭い蓋が開けられ、表面へ膿《うみ》が出されてゆきます。企業戦争もますます激しさを増し、自殺者が多発してゆき、自我欲だけで命は二の次というような状況です。

先代から98代を引き継ぐこととなりました重責を私も感じ、これらの現象予告をおおよそ20年ほどにわたり、各地でも示しの通り伝え続けてまいりました。数年前より、ようやく植物を中心としての資源開発に着手してくださる人々も出てくださり嬉しく思います。

平成19年には、資源問題の大きな解決となるような発明が成されると示され、事実そのような動きが見られました。発明者は今後、幾人もヒミ（日本）から出ることとなり、それは世界各国にも貢献されてゆくでしょう。

行動の遅い日本より外国から希望の手が伸びる兆しを感じます。日本の国の対処改善が遅れるならば、自然の脅威現象によるクリーニングや人間の人知で作った機械や物質での異常や、それらが原因での事故でまとまって人の命が危険にさらされます。

実際、示しのとおり、神の戸が揺れだしてより後は、東日本大震災、熊本地震、最近では大阪の市街地を襲った震度6弱の地震などの大きな地震がありました。地揺れの如くに、日本の島もわずかずつ移動が始まることになっているのです。

本書に書いております「示し」の内容は決して大げさでも冗談ごとでもありません。

対処改善は、各国のトップが団結し、宗教界とて枝派《しは》や宗派の違いを作って争っている時ではないのです。いい加減、宗教を超越し一丸とならなければならない時期が来ています。早く気づかなければ、人類の命の要である地球すら守ることはできません。温暖化現象を甘く見過ぎていませんか。

対処改善と地球クリーニングの度合いは相関関係になっているのです。心を改めず対処改善が遅れれば、バランス現象として、地球クリーニングによるさまざまな現象が日に日に増していくことになるでしょう。

ヒミ（日本）の国は、神武期より支配と争いの歴史に翻弄され、本来持っていた精神の役割を踏みにじられてきました。

現代は長い歴史の清算期に突入しています。今こそ、正しい歴史観を持ち、ヒミの役割を認識するときです。チタマ（地球）が、全人類の命の要であることを思い出しましょう。

今後は歴史や『古事記』に関しても、驚きの内容も数多くお伝えしてゆくつもりでおります。

神人合一につながる数霊《かそたま》・数詞《かそうた》

天地の数霊	天地の数詞	数霊の法則	宇宙創成(順)
| ヒィ	一 ヒト	・(火)の氣 ・たて ・陽	霊の本質（体質） →意識体
丄 フゥ	二 フタ	・(風)の氣 ・ほどき ・寄せハラヒ	生成の過程
亠 ミィ	三 ミィ	・(水)の氣 ・横（平面） ・陰・月・夜	霊の実体
╳ ヨォ	四 ヨ	・(空)の氣 ・方位（伝播）・与える ・次元・空間	充満（横へ開く）
✳ イー	五 イツ	・(土)の氣（木氣） ・智・意・情 ・命の元（精霊）	生命の本源
ムゥ	六 ムユ	・命のめぐり（水） ・和合・産む ・回転（右）	生命のむすび
ナァ	七 ナリ	・回転（左）・アの文明 ・震動　成らせる ・成る	生命の生成
ヤァ	八 ヤ	・神魂 ・エネルギー（パワー） ・発生	生命の実体 繁栄
8 コォ	九 ココノ	・固める ・器・体・像	物質の形成充満 （横へ開く）
⊕ トォ	十 タリ 百 モ 千 チ 万 ヨロ	・調和 ・完成	交留

宇宙生成 ↓ 生命弥栄え 表れ出る

権力者に狙われ続けた
「神儀古事文《たまやふることふみ》」初伝へ

真相を伝え続けたシャーマンも3名命を失った。企てから始まった「古事記」や歴史に依り隠蔽・呪縛で、真相が封印されて来た。ようやく98代シャーマンが、封印を解く。98代が伝えるセミナーは凄いぞ！

鋭意企画中！「タマヤフルコトフミ」入門連続セミナー

入門セミナーなのに、その内容は濃厚。
いかに歴史が改竄されていたのか目の当たりにした人必見！
本書では語りきれなかったことが盛りだくさんです。

◉大元の意識体から第三段階の人類の行と役割
〜オリヲン星団、フレイア（プレアデス）、シリュウス、アティスやミゥ、五色人の伝承〜

◉記紀の定説がドンデン返るヒミ古代からのタマヤメたちの伝承
〜ヒミノワタル族やアララキ族、ムチスクネ（竹内家）やフル（神武天皇）ヒミコの真実、平安期へ至るまで〜

◉日のひふみと月のひふみ
月氏から日氏へ、2013年神政の切り替えと神示や神言（みこと）
〜カムノン音霊数霊表入門講座〜

など……。語っていただきたい内容はいっぱいあります。
ホームページなどで随時情報を公開するので要チェックです。

神楽坂♥《ハート》散歩
ヒカルランドパーク

今『タマヤフルコトフミ【初伝《はつつた》へ】アティス（アトランティス）とミゥ（ムー）以前からの奥伝』出版記念セミナー

～権力者に狙われ続けた
「神儀古事文（タマヤフルコトフミ）」初公開 初伝へ～

講師：藤原和晃（神儀舞第98代）

真相を伝え続けたシャーマンも３名命を失った。
企てから始まった「古事記」や歴史に依る隠蔽・呪縛で、
真相が封印されてきた。
ようやく98代シャーマンが、封印を解く。
98代が伝えるセミナーは凄いぞ！

日時：2019年３月23日（土）　開場13：00　開演13：30　終了17：00
料金：6,000円
会場＆申し込み：ヒカルランドパーク

藤原和晃　ふじはら　わこう

神儀舞《かむふりまい》九十八代日巫子　光ノ宮　総司

過去の歴史における権力者たちから密かに守り通してきた古文書「タマヤフルコトフミ」を、「タマヤ文字」を繙くとともに、自分の代で思い切って表へ出すことを決断。

神殿造り以前の日本最古の古代神事舞の伝承とともに、舞手の弟子たちを育成。太古の「氣与めの術《すべ》」を行い、各所にて、神と人との中継ぎ《間次ぎ》を行っている。

子供の頃から、キリスト教、仏教を経験。しかし、宗教という横軸と人物信仰に違和感を覚え、縦軸の世界を求め、３年間、神道の巫女を務めたが、形式儀礼のみ重んじる部分に何か違いを感じ、一刻、自然に身を置く。

そのときの不思議な体験から真の祈りの舞巫子の世界に入る。

先代のシャーマン、天智女（アチメ）より、平成元年立春に神儀舞九十八代目の家元を継承。

人としてのバランスの調整をするため、全国をまわり、講演、指導にあたっている。

タマヤフルコトフミ　セミナーの開催希望、
神儀舞《かむふりまい》の入門に関するお問い合わせは、
kamuhurimai@gmail.com
神儀舞事務局までお願いいたします。
開催の予定や詳細をお伝えさせて頂きます。

アティス（アトランティス）とミゥ（ムー）以前からの奥伝

タマヤフルコトフミ【初伝《はつった》へ】

ヒミの国日本に残されたチタマ（地球）最後の巨大秘密

第一刷　2019年2月28日

著者　藤原《ふじはら》和晃《わこう》［神儀舞《かむふりまい》第98代］

発行人　石井健資

発行所　株式会社ヒカルランド
〒162-0821 東京都新宿区津久戸町3-11 TH1ビル6F
電話 03-6265-0852　ファックス 03-6265-0853
http://www.hikaruland.co.jp　info@hikaruland.co.jp

振替　00180-8-496587

本文・カバー・製本　中央精版印刷株式会社

DTP　株式会社キャップス

編集担当　TakeCO

ISBN978-4-86471-716-8

ヒカルランド　近刊予告！

地上の星☆ヒカルランド　銀河より届く愛と叡智の宅配便

歴史の隠滅を超えて
ふたつとない天祖の山
「不二阿祖山太神宮」が伝える
地球《ちだま》と大地震災害のこと
渡邉聖主
［不二阿祖山太神宮大宮司］
「古代の大地震が伝えている真実とは?!」と題された
ヒカルランドパークの講演がまるごと1冊の本になった！
ヒカルランド

ふたつとない天祖の山
「不二阿祖山太神宮」が伝える
地球（ちだま）と大地震災害のこと
著者：渡邉聖主［不二阿祖山太神宮大宮司］
四六ハード　予価1,750円+税

ヒカルランド　好評既刊！

地上の星☆ヒカルランド　銀河より届く愛と叡智の宅配便

太古《日本の宇宙文明》が地球を導いた
著者：高橋良典＋日本学術探検協会
四六ソフト　本体2,500円+税

太古、日本の王は世界を治めた
著者：高橋良典+日本学術探検協会
四六ソフト　本体2,000円+税

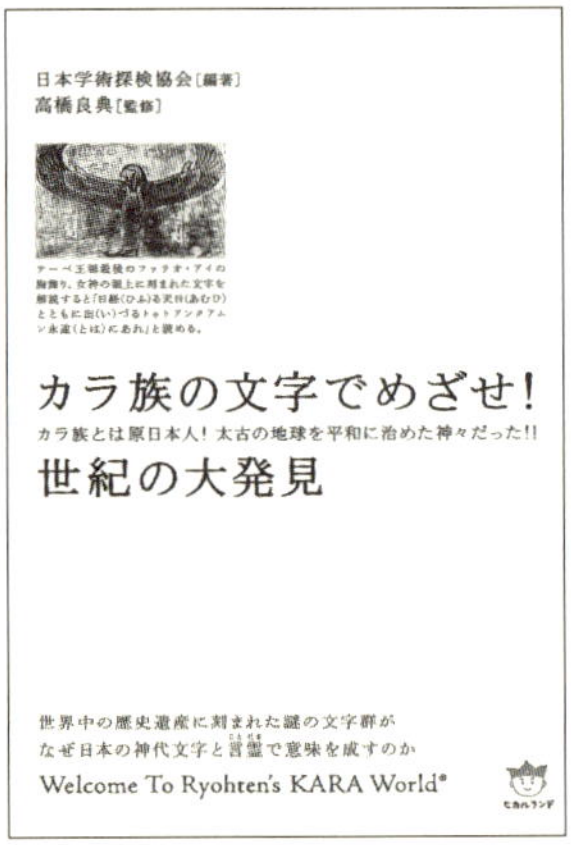

カラ族の文字でめざせ！ 世紀の大発見
編著：日本学術探検協会
監修：高橋良典
四六ソフト　本体2,000円+税

本といっしょに楽しむ ハピハピ♥ Goods&Life ヒカルランド

健康・美容を促進する
樹液オイルとエナジードリンク
アマゾンの大自然が生んだ聖なる力を日常に!

秋山佳胤
先生も
お気に入り!

◎ アマゾンの人々に崇められてきた樹液オイル「コパイバマリマリ」

南米アマゾンの大地に育つ薬用植物の中で、マメ科の樹木コパイバは古来よりアマゾンの先住民の間で民間療法などに活用されてきました。そのコパイバの中でさらに最高の樹と讃えられ、魔を祓う力があるとして神聖視されていたのがコパイバマリマリです。傷や皮膚トラブルを癒し、体の浄化などに活用されてきました。コパイバマリマリの樹液には実際、40種を超える健康や美容に有効な成分が含まれており、なかでも、ずきずき、ヒリヒリ、かゆみなどを和らげるβカリオフィレンの含有量が地球で最も高いことが近年の研究で明らかにされています。マイナスな作用がなく、効果が長時間持続することも特長です。
そんなコパイバマリマリの樹液100%のナチュラルオイルが今、注目を集めています。その大きな理由は、アロマオイルとしての役割を超越した幅広い使い方ができることです。長きにわたり、アマゾンの人々を癒し健康を守ってきた聖なる大自然のパワーを体感してみてください。

コパイバマリマリの使い方

化粧水に……いつもの化粧水に1～2滴加えて健やかなお肌づくりに
リフレッシュに……1滴手のひらにとり両手でよく揉みこんでアロマを吸収
お口のケアに……綿棒にマリマリを浸し、1日2回ほど直接痛む箇所に塗布
飲み物に混ぜる……温かいお湯やコーヒー・紅茶などに1滴
お肌のケアに……トラブルの箇所にマリマリを塗布
入浴剤として……お肌の乾燥対策、ボディローション代わり、入浴剤として

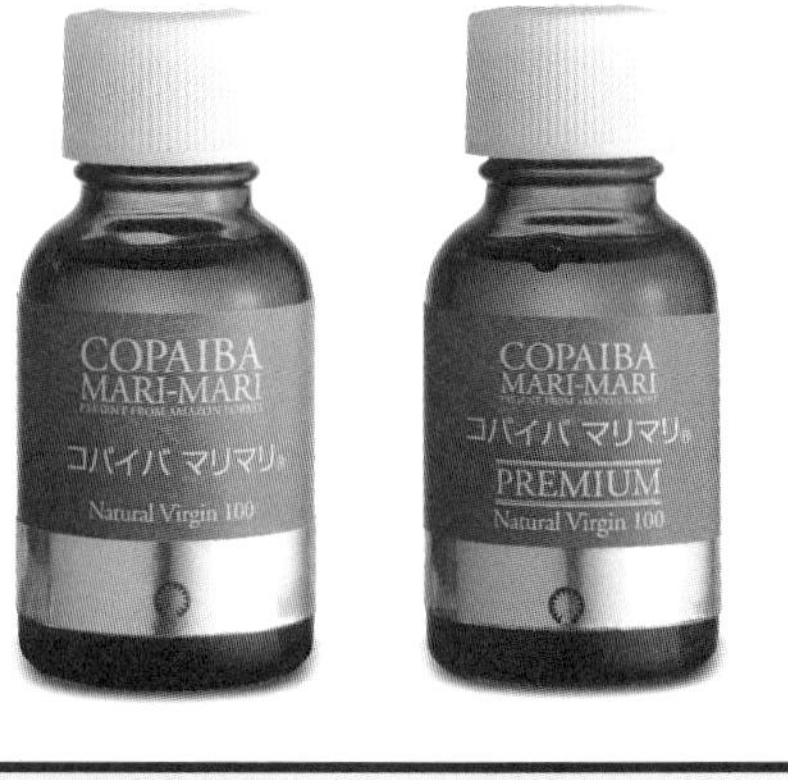

コパイバマリマリ &
プレミアムコパイバマリマリ

■ コパイバマリマリ 6,995円(税込)
■ プレミアムコパイバマリマリ
10,800円(税込)

●内容量:20mℓ(付属のスポイト1日2滴で40日分) ●原材料:コパイフェラオフィシナリス樹液100% ●原産地:ブラジル・アマゾニア
プレミアムコパイバマリマリは、樹に含まれる水分(樹液)が最も安定する新月の時に採取したものを使用したハイグレードタイプです。

特徴 従来は2人でテストしていましたが、セルフォなら1人でできます!

POINT 1
小さくて軽いので、
ポケットにも入ります。

POINT 2
使用する人の握力に応じて、
3段階に使い分けできます。

POINT 3
波動をテストできます。

使用例1 あら不思議?! タバコを持って
テストしてみましょう

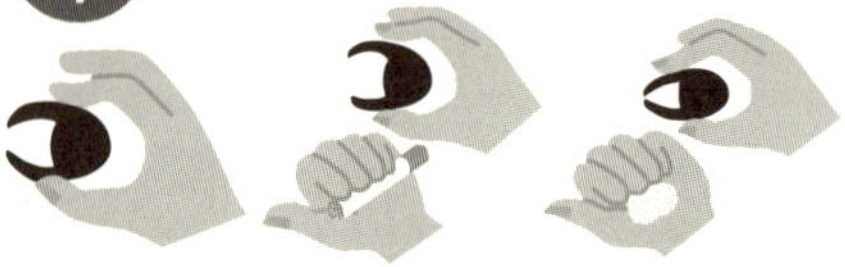
何も持たずに
これくらい
タバコを持つと
力が入らない
もぐさ、自然塩を
持つと力が入る

それは体の細胞がタバコの波動を否定しているからです。
一方、力の入る自然塩はプラスの波動を持っています。

使用例2 あなただけの特効のツ
ボを探すことができます

ココ

体のツボの位置は
人によって異なる
場合があります。

使用例3 照明器具などの電化製品で
テストしてみましょう

電磁波の影響も察知できます。

使用例4 買い物で迷ったときに
選ぶ目安になります

例えば、店先に同じ商品がいくつか並
んでいるとき、どのメーカーの品が一番
自分と相性がいいかを判断できます。

さらに! 対象が直接手に触れるものではなくても、応用できるようになります。
(相性、環境、行動など)

相　性

例えば、苦手な人や嫌いな人がいるとき。
相手をイメージしてテストする。

▼

気持ちとは真逆に
力が入ってしまう!!

もしかしたらその
人はあなたを向
上させてくれる人
かもしれません。
そう気づくとラク
になりませんか♪

未来予測、トラブル回避

例えば、今日は仕事を休みたいとき。
「休む」と「休まない」の両方を
イメージしてテストする。

▼

「休まない」方に
力が入ってしまう!

あなたにとって嬉
しい出来事が起こ
ったり、休まなく
て良かったという
結果が待っている
かもしれません♪

本といっしょに楽しむ ハピハピ♥ Goods&Life ヒカルランド

セルフォ（正式名／セルフ・オーリング・テスター）

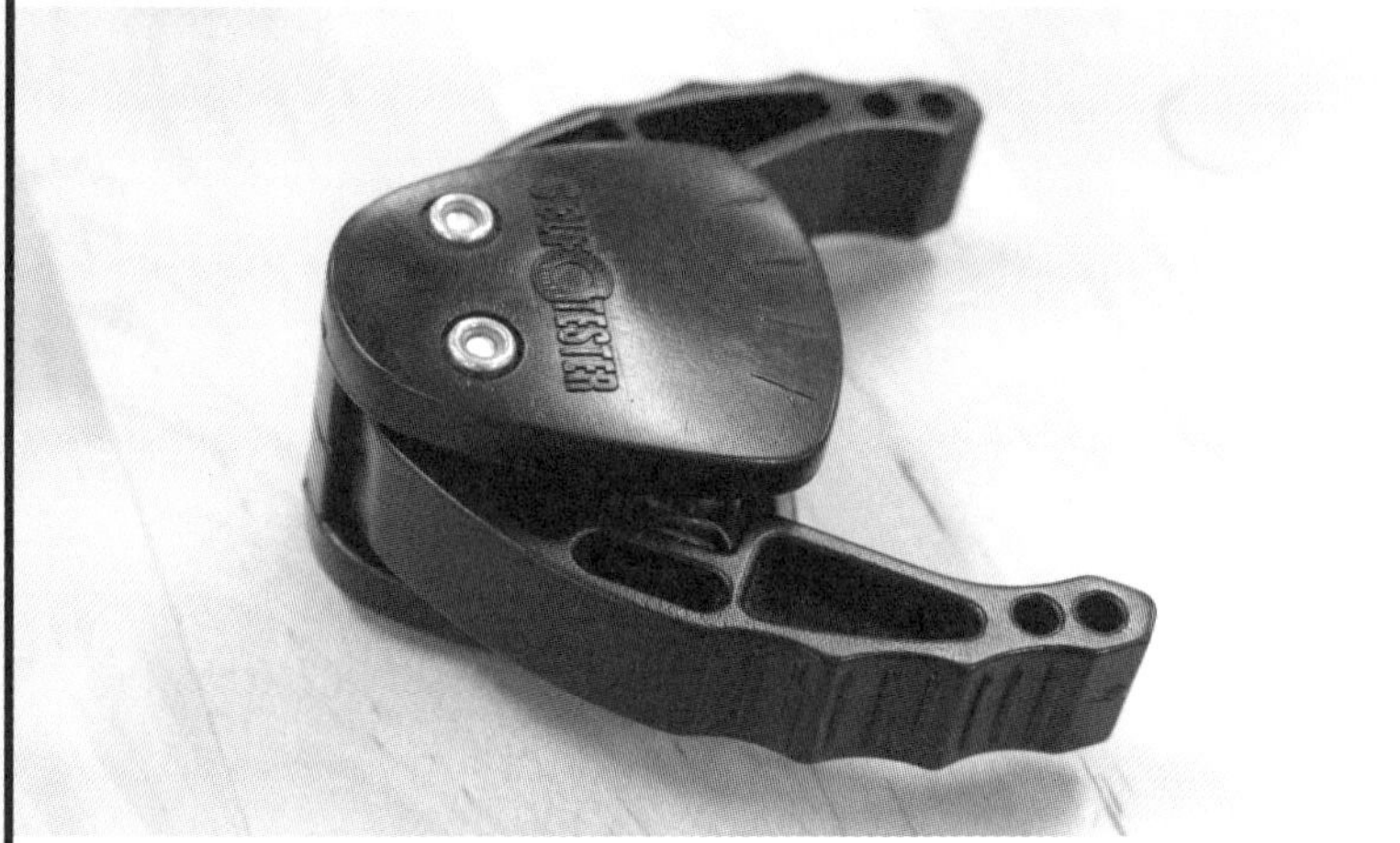

片野貴夫氏の本

片野貴夫氏プロデュース

オーリングテストって知ってますか？　２本の指で丸い輪を作り、相手も指で丸い輪を作って、その相手の丸い輪を引っ張り、輪が開くかどうかで様々なことを判断します。代替医療をはじめ医学界でも注目を集めているテスト方法です。従来、オーリングテストは２人でしていましたが、体の悪い部分、自分に合うもの合わないもの、薬の善し悪し、セルフォならひとりでもできます。
セルフォは小さくて軽いので持ち運びに便利。３段階設定なので、使用する人の握力に応じて使い分け可能です。あまり頼りすぎてもいけませんが、楽しんで使いましょう。

特許第3643365号
販売価格：3,780円（税込）

ヒカルランドパーク取扱い商品に関するお問い合わせ等は
メール：info@hikarulandpark.jp　　URL：http://www.hikaruland.co.jp/
03-5225-2671（平日10-17時）

「龍神ブレンド」は、昔から瞑想に使われキリストにも捧げられた神聖な精油も使用した魅惑的な香りが特徴。強い浄化力があり、太古の地球が持っていた大地の力強さ、強い息吹を感じる香りとなっています。空間浄化・消臭・瞑想前に。また、不要な思考を断ち切りたい、グラウンディング力を高めたい時にもどうぞ。「鳳凰ブレンド」は、お釈迦様が菩提樹の花の香りで悟りを開いたと言われる精油も使用し、明るさと豊かさに満ちた爽やかな香りが特徴。精神に安定をもたらし、恐れから遠ざけていきます。しなやかな強さがほしい時、周りの人に柔らかく接したい時にもオススメです。

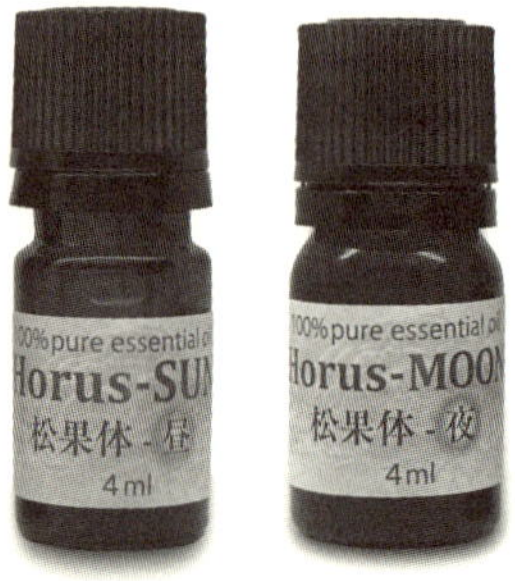

Horus-SUN松果体ー昼 &
Horus-MOON松果体ー夜

■２本セット　9,400円（税込）

●内容量：各４㎖　●成分：［昼］精油（オレンジ、ペパーミント、カルダモン、ほか）［夜］精油（ラベンダー、ジュニパー、クラリセージ、ほか）　●使用方法：「昼」は朝の目覚めや日中に、リフレッシュや１日の活力アップとして。「夜」は就寝前や夕刻に、リラックスのほか、ハイヤーセルフとの繋がりや統合、肉体次元の解放の助けとして。試香紙（ムエット）などの紙に数滴たらして香りを楽しむのもオススメです。

※単体での販売はお受けできません。※肌につける、口に入れるなど芳香以外の目的で使用しないでください。　※室内にケージやカゴ内で飼育している小動物がいる場合、ディフューザーを使って強く芳香させることはお控えください。　※香りは原料となる植物の産地や採取時期によって違いが生じる場合があります。

天地神 TenChiJin
アロマルームスプレー

■ 龍神ブレンド　5,800円（税込）

■ 鳳凰ブレンド　5,800円（税込）

●内容量：各60㎖　●成分：［龍神ブレンド］水（精製水）、植物発酵エタノール、精油（乳香、セージ、セイヨウネズ、ほか）［鳳凰ブレンド］水（精製水）、植物発酵エタノール、精油（西洋菩提樹、ヒノキ、ビターオレンジ、ほか）

※肌につける、口に入れるなど芳香以外の目的で使用しないでください。　※香りは原料となる植物の産地や採取時期によって違いが生じる場合があります。

【お問い合わせ先】ヒカルランドパーク

香りは命！ 龍依〜Royさん&Naruraさんによる 究極の光次元100%アロマオイルが登場！

Roy さん（左）と Narura さん（右）

光次元チャネラー龍依〜Roy さん自ら、光次元からダウンロードすることで選ばれた香り豊かなエッセンシャルオイル。それを天然アロマデザイナーとして活躍中の Narura さんが丁寧に調香し、長い試行錯誤の上完成したのが、松果体を覚醒へと導くアロマオイル「Horus-SUN／MOOM」とスプレータイプの「天地神」です。天然の香りにこだわり、一般的なアロマでは混ぜることのない高価な精油も贅沢にブレンドした、ここだけのオリジナル品です。光次元から選ばれた香りが放つ波動は、嗅覚から脳へとあなたを優しく包みこんでいくことでしょう。

◎ DNA を修復し活性化！　松果体を覚醒させる２つの香り

松果体を司る古代エジプトのホルス神が携える太陽（ホルス神の右目）と月（ホルス神の左目）のエネルギー。松果体の覚醒にはどちらのエネルギーも重要となります。そこで、龍依〜Roy さんは松果体覚醒へと導くエッセンシャルオイル（精油）を光次元からダウンロード。太陽→「昼」、月→「夜」として２つのアロマを用意しました。

「昼」は脳内に光次元の明かりのスイッチを入れ、その波動が松果体を起こし、眠っていた DNA に活力を与えていきます。「夜」は松果体覚醒に必要な深い癒しと鎮静をもたらし、そのリラックス効果の中で不要なものを手放し、DNA の修復と松果体の再生を促していきます。時間によって「昼」「夜」の香りを使い分け、両方の香りに満たされていくことで、体のスイッチ・オンがしっかりとでき、松果体はさらに覚醒していきます。

◎ 龍神や鳳凰と繋がる⁉ 空間用アロマルームスプレー

龍神、鳳凰と繋がることができる香りを、光次元からダウンロードして調香。自分自身や空間をグレードアップできるアロマスプレーが完成しました。実際に調香師の Narura さんのお母さんは、「龍神ブレンド」の香りを嗅いだ後にリアルな龍神が夢に出てきたそうです。

ヒカルランド　好評既刊!

地上の星☆ヒカルランド　銀河より届く愛と叡智の宅配便

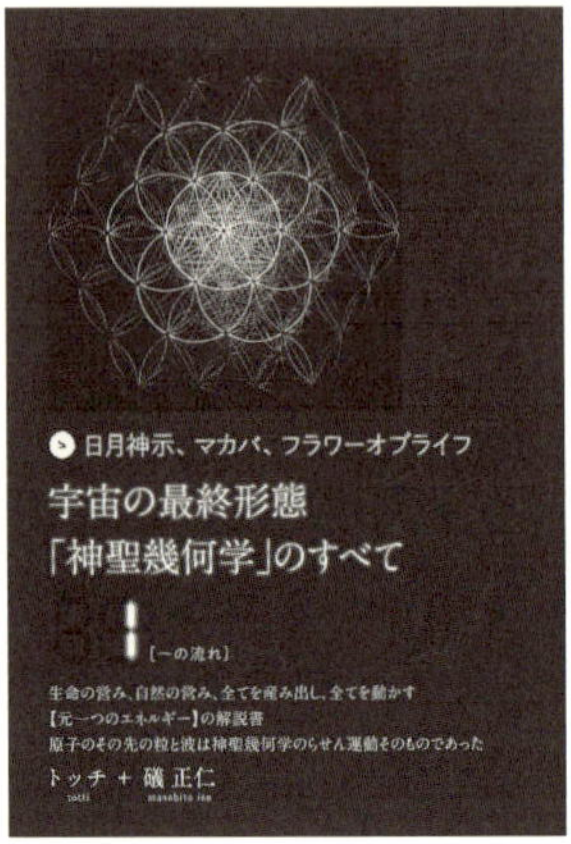

宇宙の最終形態
「神聖幾何学」のすべて１［一の流れ］
著者：トッチ＋礒 正仁
四六ハード　本体2,000円+税

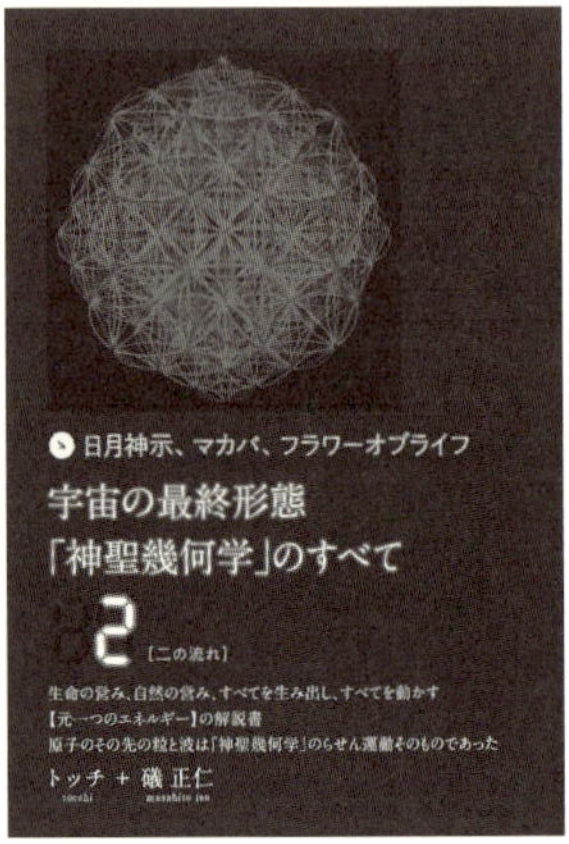

宇宙の最終形態
「神聖幾何学」のすべて２［二の流れ］
著者：トッチ＋礒 正仁
四六ハード　本体2,000円+税

宇宙の最終形態
「神聖幾何学」のすべて3［三の流れ］
著者：トッチ＋礒 正仁
四六ハード　本体2,000円+税

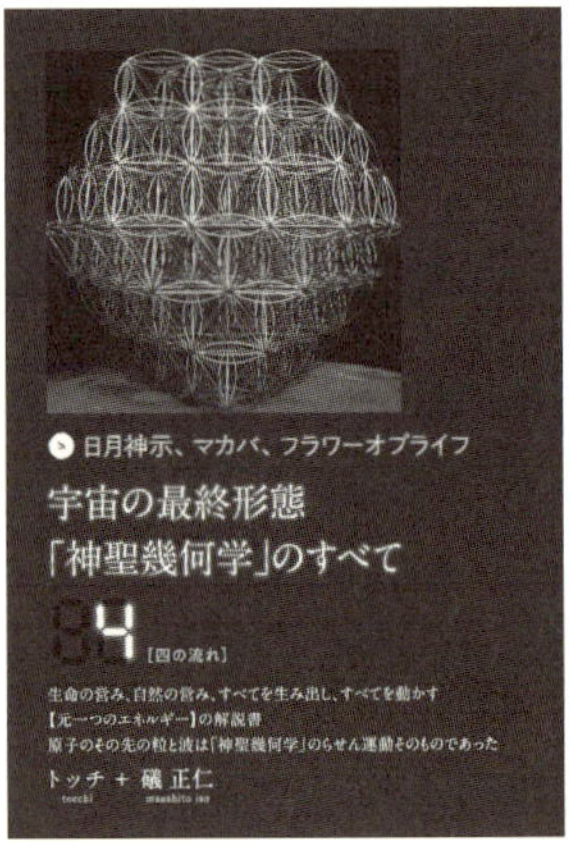

宇宙の最終形態
「神聖幾何学」のすべて４［四の流れ］
著者：トッチ＋礒 正仁
四六ハード　本体2,000円+税